LOUISE L. HAY

USTED PUEDE SANAR SU VIDA

Traducción
MARTA I. GUASTAVINO

LOUISE L. HAY

USTED PUEDE
SANAR SU VIDA

URANO

Título original: *You Can Heal Your life*
Copyright © 1984 by Louise L. Hay

Partes del capítulo 15 están tomadas de *Heal your Body* de Louise L. Hay, edición revisada © 1982, 1984.

Todos los derechos reservados

© *Ediciones Urano S. A.*, 1991
Castillo 540
1414 - Buenos Aires, Argentina

Primera edición, diciembre 1991
Segunda edición, febrero 1992
Tercera edición, abril 1992 ·
Cuarta edición, mayo 1992
Quinta edición, junio 1992
Sexta edición, julio 1992
Séptima edición, septiembre 1992
Octava edición, noviembre 1992

Impreso en la Argentina - *Printed in Argentina*
Queda hecho el depósito que previene la ley 11.723

ISBN: 950-788-001-1
Código788001

Dedicatoria

Que esta ofrenda pueda servir para que cada uno encuentre dentro de sí ese lugar donde conoce su propio valor, esa parte que en todos nosotros es puro amor y aceptación de sí mismo.

Agradecimientos

Con júbilo y placer doy las gracias:

A los muchos estudiantes y clientes que tanto me enseñaron y que me animaron a poner por escrito mis ideas.

A Julie Webster por estimularme y alentarme en las primeras etapas de este libro.

A Dave Braun, que tanto me enseñó durante el proceso de preparación editorial.

A Charlie Gehrke, por haberme ayudado tanto en la creación de nuestro Nuevo Centro, y por brindarme el apoyo y el tiempo necesarios para esta labor de creación.

Prólogo

Si me encontrara de pronto en una isla desierta donde no pudiera tener conmigo más que un solo libro, escogería el de Louise L. Hay, *Usted puede sanar su vida,* que no sólo transmite lo esencial de una gran maestra, sino que es también la expresión, poderosa y muy personal, de una gran mujer. En este libro, nuevo y maravilloso, Louise comparte parcialmente el viaje que la ha llevado hasta el punto de su evolución en que hoy se encuentra. Su historia –en mi opinión, esbozada aquí con demasiada brevedad, pero quizás eso sea tema para otro libro– me hizo vibrar de admiración y de simpatía.

Lo que me interesa destacar es que aquí está todo: todo lo que es necesario saber de la vida y sus lecciones, y también cómo trabajar sobre uno mismo. Y esto incluye la guía referencial que Louise ofrece de las probables pautas anímicas que se ocultan tras el malestar de la enfermedad, y que hasta donde yo sé es verdaderamente notable y única. Una persona que se encontrase en una isla desierta y a quien le llegara este manuscrito en una botella, podría aprender todo lo que se necesita saber para sacar de la vida el mejor partido posible.

Pero aunque uno no esté en una isla desierta, si su camino, quizás incluso «accidentalmente», se ha cruzado con el de Louise Hay, está bien encaminado. Los libros de Louise, sus *cassettes* y sus seminarios son un verdadero regalo para un mundo lleno de problemas.

Lo que me llevó al encuentro con Louise y a la utilización

de conceptos provenientes de su labor curativa fue mi propio y profundo interés en trabajar con personas enfermas de SIDA.

Todas las personas a las que hice escuchar la grabación de *A Positive Approach to AIDS* (Una visión positiva del SIDA) *captaron* en seguida el mensaje de Louise, y muchas de ellas convirtieron el escuchar esta cinta en parte de su ritual curativo cotidiano. Una de estas personas, Andrew, me dijo: «Todos los días me quedo dormido con Louise y me levanto con ella.»

Mi admiración y mi amor por ella fueron en aumento a medida que veía a mis queridos pacientes de SIDA afrontar su tránsito enriquecidos y en paz consigo mismos y con el mundo —más plenos de amor y compasión por sí mismos y por todos por el hecho de que ella hubiera sido parte de su vida— y con un sereno regocijo por haber tenido esa precisa experiencia de aprendizaje.

En mi vida he recibido el don de muchos grandes maestros, algunos de ellos santos, estoy seguro, e incluso quizás avatares. Pero Louise es una gran maestra con quien se puede hablar y estar, gracias a su enorme capacidad de escuchar con un amor incondicional mientras ella y su interlocutor friegan juntos los platos. (Otro maestro, para mí no menos grande, prepara una ensalada de patatas estupenda.) Louise enseña con el ejemplo, y vive aquello mismo que enseña.

Para mí es un honor invitar a los lectores a que hagan de este libro parte de su vida. Los lectores y el libro se lo merecen.

Dave Braun

Ventures in Selffulfillment
Dana Point, California

Primera parte

INTRODUCCION

Sugerencias a mis lectores

He escrito este libro para compartir con ustedes aquello que sé y que enseño. *Heal Your Body* (Sane su cuerpo) ha llegado a ganar amplia aceptación como libro autorizado sobre las pautas mentales que crean enfermedades en el cuerpo. He recibido centenares de cartas de lectores que me piden que amplíe mi información. Muchas personas con quienes he trabajado en calidad de clientes particulares, y otras que han seguido mis seminarios aquí en Estados Unidos y en el extranjero, me han pedido que escribiera este libro.

Lo he pensado de manera que les dé a ustedes la vivencia de una sesión, tal como lo haría si acudieran a mi consulta privada o a uno de mis seminarios.

Si están dispuestos a hacer los ejercicios progresivamente, tal como aparecen en el libro, para cuando los hayan terminado se habrá iniciado el cambio en su vida.

Yo les diría que lean una vez todo el libro, y después vuelvan a leerlo lentamente, pero esta vez haciendo cada ejercicio en profundidad. Dense tiempo para trabajar con cada uno de ellos.

Si pueden, hagan los ejercicios con un amigo o con un miembro de la familia.

Cada capítulo se inicia con una afirmación, y cada una de ellas les será útil cuando estén trabajando en ese aspecto de su vida. Tómense dos o tres días para estudiar cada capítulo y trabajar con él y no se olviden de decir y escribir repetidas veces la afirmación con que se inicia el capítulo.

Los capítulos se cierran con un tratamiento, que es una corriente de ideas positivas, pensadas para transformar la conciencia. Relean este tratamiento varias veces por día.

Al final del libro, comparto con ustedes mi propia historia: sé que les demostrará que, sin importar de dónde vengamos ni lo humildes que fueran nuestros orígenes, podemos mejorar nuestra vida hasta cambiarla totalmente.

No olviden que cuando trabajan con estas ideas cuentan con todo el apoyo de mi afecto.

Algunas de mis ideas

Somos responsables en un ciento por ciento de todas nuestras experiencias.

Todo lo que pensamos va creando nuestro futuro.

El momento del poder es siempre el presente.

Todos sufrimos de odio hacia nosotros mismos
y de culpa.

En nuestros peores momentos, pensamos:
«Yo no sirvo...»

No es más que una idea, y una idea se puede cambiar.

El resentimiento, la crítica y la culpa
son las reacciones más dañinas.

Liberar el resentimiento llega incluso a disolver el cáncer.

Cuando nos amamos realmente a nosotros mismos,
todo nos funciona en la vida.

Debemos dejar en paz el pasado y perdonar a todos.

Debemos estar dispuestos a empezar a amarnos.

Aprobarse y aceptarse a sí mismo en el ahora
es la clave para hacer cambios positivos.

Somos nosotros los creadores de todo lo que llamamos
«enfermedad» en nuestro cuerpo.

*En la infinitud de la vida, donde estoy, todo es perfecto,
completo y entero, y sin embargo, la vida cambia siempre.
No hay comienzo ni hay final;
sólo un reciclar constante
de la sustancia y las experiencias.
La vida jamás se atasca, ni se inmoviliza ni se enrancia,
pues cada momento es siempre nuevo y fresco.
Soy uno con el mismo Poder que me ha creado,
y que me ha dado el poder de crear
mis propias circunstancias.
Me regocija el conocimiento de que tengo poder
para usar mi mente tal como yo decida.
Cada momento de la vida es un comienzo nuevo que nos
aparta de lo viejo
y este momento es un nuevo comienzo
para mí, aquí y ahora.
Todo está bien en mi mundo.*

Capítulo 1

LO QUE CREO

«Los portales que llevan a la sabiduría y al conocimiento
están siempre abiertos.»

La vida es realmente muy simple:
Recibimos lo que hemos dado

Lo que pensamos de nosotros mismos llega a ser verdad
para nosotros. Creo que todos, y me incluyo, somos responsables en un ciento por ciento de todo lo que nos sucede en la
vida, lo mejor y lo peor. Cada cosa que pensamos está
creando nuestro futuro. Cada uno de nosotros crea sus experiencias con lo que piensa y lo que siente. Las cosas que pensamos y las palabras que decimos crean nuestras experiencias.

Nosotros creamos las situaciones, y después renunciamos
a nuestro poder, culpando a otra persona de nuestra frustración. Nadie, ni ningún lugar ni cosa, tiene poder alguno
sobre nosotros, porque en nuestra mente los únicos que pensamos somos «nosotros», los que creamos nuestras experiencias, nuestra realidad y todo lo que hay en ella. Cuando
creamos paz, armonía y equilibrio en nuestra mente, los encontramos en nuestra vida.

¿En cuál de estos dos enunciados se reconoce usted?

«Todos están contra mí.»
«La gente es siempre amable.»

Cada una de estas creencias creará experiencias muy diferentes. Lo que creemos de nosotros mismos y de la vida llega a ser nuestra verdad.

El Universo nos apoya totalmente en todo lo que decidimos pensar y creer

Dicho de otra manera, nuestra mente subconsciente acepta cualquier cosa que decidamos creer. Ambas expresiones significan que lo que creo respecto a mí misma y a la vida llega a ser verdad para mí. Lo que usted decide pensar de usted mismo y de la vida llega a ser verdad para usted. Y ambos tenemos opciones ilimitadas respecto de lo que podemos pensar.

Cuando lo sabemos, lo sensato es optar por «La gente es siempre amable», y no por «Todos están contra mí.»

El poder universal jamás nos juzga ni nos critica

Se limita a aceptarnos por lo que valemos, y a reflejar nuestras creencias en nuestra vida. Si quiero creer que la vida es solitaria y que nadie me ama, entonces eso será lo que encuentre en mi mundo.

Sin embargo, si estoy dispuesta a renunciar a esa creencia y a decirme que el amor está en todas partes, y que soy capaz de amar y digna de amor, y me adhiero a esa nueva afirmación y la repito frecuentemente, ésa llegará a ser mi verdad. En mi vida aparecerán personas capaces de amar, las que ya forman parte de ella me demostrarán más amor, y yo descubriré lo fácil que me resulta expresar mi amor a los demás.

La mayoría de nosotros tenemos ideas absurdas de quiénes somos, y muchas, muchas reglas rígidas sobre cómo se ha de vivir la vida .

No digo esto para condenarnos, ya que todos nosotros estamos haciendo lo mejor que podemos hacer en este momento. Si supiéramos más, si tuviéramos más entendimiento y fuéramos más conscientes, haríamos las cosas de otra manera. Les ruego que no se menosprecien por estar donde están. El hecho mismo de que hayan encontrado este libro y me hayan descubierto significa que están preparados para introducir en su vida un cambio positivo. Reconózcanse el mérito. «¡Los hombres no lloran!» «¡Las mujeres son incapaces de manejar dinero!» Son ideas demasiado estrechas para vivir con ellas.

Cuando somos muy pequeños aprendemos a sentirnos con nosotros mismos y con la vida según las reacciones de los adultos que nos rodean

Es así como aprendimos lo que ahora pensamos de nosotros y de nuestro mundo. Es decir, que si ha vivido usted con personas muy desdichadas o asustadas, culpables o coléricas, habrá aprendido muchas cosas negativas sobre usted y sobre su mundo.

–Nunca hago nada bien... es por mi culpa... si me enfado soy una mala persona...

Esta clase de creencias generan una vida de frustración.

Cuando crecemos, tenemos tendencia a recrear el ambiente emocional de nuestro hogar de la infancia

Es algo que no está ni bien ni mal; simplemente, se trata de lo que por dentro sabemos que es un «hogar». También tendemos a recrear la relación que tuvimos con nuestra madre o con nuestro padre, o la que ellos tenían entre sí. Pienso con cuánta frecuencia ha tenido una amante o un jefe que era «el retrato» de su madre o de su padre.

Nos tratamos a nosotros mismos tal como nos trataban nuestros padres. Nos regañamos y nos castigamos de la misma manera. Si escucha, casi podrá oír las palabras. Además nos amamos y nos animamos de la misma forma, si cuando éramos pequeños nos amaban y nos animaban.

–Tú nunca haces nada bien, es por culpa tuya...

¿Cuántas veces se lo ha dicho usted a sí misma?
—Eres maravillosa, te amo...
¿Cuántas veces se dice usted estas palabras?

Sin embargo, yo no echaría la culpa a nuestros padres

Somos todos víctimas de víctimas, y ellos no podían de ninguna manera enseñarnos algo que no sabían. Si su madre no sabía amarse a sí misma, ni su padre tampoco, era imposible que le enseñaran a usted a amarse a sí mismo; estaban haciendo todo lo que podían con lo que les habían enseñado de pequeños. Si quiere usted entender mejor a sus padres, hágales hablar de su propia niñez; y si los escucha con compasión, aprenderá de dónde provienen sus miedos y sus rigideces. Las personas que le hicieron a usted «todo aquello» estaban tan asustadas y temerosas como usted.

Creo que escogemos a nuestros padres

Cada uno de nosotros decide encarnarse en este planeta en un determinado punto del tiempo y del espacio. Hemos escogido venir aquí para aprender una lección determinada que nos hará avanzar por el sendero de nuestra evolución espiritual. Escogemos nuestro sexo, el color de nuestra piel, nuestro país, y luego buscamos los padres que mejor reflejen la pauta que traemos a esta vida para trabajar con ella. Después, cuando hemos crecido, es común que les apuntemos con un dedo acusador, clamando: «Mira lo que me hiciste.» Pero en realidad, los habíamos escogido porque eran perfectos para el trabajo de superación que queríamos hacer.

De muy pequeños aprendemos nuestros sistemas de creencias, y después vamos por la vida creándonos experiencias que armonicen con nuestras creencias. Evoque su propia vida y fíjese con cuánta frecuencia ha pasado por la misma experiencia. Pues bien, yo creo que usted se la creó una y otra vez porque reflejaba alguna creencia que tenía sobre sí mismo. En realidad, no importa durante cuánto tiempo hemos tenido un problema, ni lo grande que sea, ni hasta qué punto pone en peligro nuestra vida.

El momento del poder es siempre el presente

Todos los acontecimientos que hasta el momento le han sucedido en su vida han sido creados por los pensamientos y las creencias que tenía en el pasado. Fueron creados por las cosas que pensó y las palabras que dijo ayer, la semana pasada, el mes pasado, el año anterior, hace diez, veinte, treinta, cuarenta o más años, según la edad que tenga. Sin embargo, eso es su pasado; está hecho y acabado. Lo que importa en este momento es lo que usted decida pensar y decir ahora mismo, porque esas ideas y esas palabras han de crear su futuro. Su momento de poder es este presente en que usted está formando las experiencias de mañana, de la próxima semana, del próximo mes o del año que viene... Tal vez tenga conciencia de lo que está pensando en este momento. ¿Es un pensamiento positivo o negativo? ¿Quiere que ese pensamiento esté determinando su futuro? Pregúnteselo, dése cuenta.

Lo único con que tenemos que vérnoslas es siempre una idea, y una idea se puede cambiar

Sea cual fuere el problema, nuestras experiencias no son más que efectos externos de nuestros pensamientos. Incluso el odio hacia sí mismo no es más que odiar la idea que uno tiene de sí mismo. Una idea que le dice: «Soy una mala persona.» Esa idea genera un sentimiento, y uno acepta el sentimiento. Sin embargo, si no tenemos la idea, no tendremos tampoco el sentimiento. Y las ideas se pueden cambiar. Cambie de idea, y el sentimiento se irá.

Una vez descubierto el origen de muchas de nuestras creencias, no debemos tomar esta información como excusa para inmovilizarnos en nuestro dolor. El pasado no tiene ningún poder sobre nosotros. Tampoco importa durante cuánto tiempo hayamos seguido una pauta negativa. El momento de poder es el presente. ¡Qué maravilla es comprenderlo así! ¡Podemos empezar a ser libres en este mismo momento!

Créase o no, nosotros elegimos lo que pensamos

Puede ser que habitualmente pensemos siempre lo mismo, y que no parezca que estemos escogiendo lo que pensamos. Pero hicimos la opción originaria. Podemos negarnos a pensar ciertas cosas. Fíjese con qué frecuencia se ha negado a pensar algo positivo sobre usted. Bueno, pues también puede negarse a pensar algo negativo sobre usted.

No hay nadie a quien conozca o con quien haya trabajado que no sufra, en una u otra medida, por odiarse a sí mismo o por sentirse culpable. Cuanto más culpa y más odio hacia nosotros mismos albergamos, peor funciona nuestra vida. Cuanto menos culpables nos sintamos, cuanto menor sea la culpa que alberguemos, mejor funcionará nuestra vida, en todos los niveles.

La creencia más íntima de todos aquellos con quienes he trabajado es siempre «No sirvo...»

Y con frecuencia, a eso le añadimos «No hago ningún esfuerzo» o «No lo merezco». ¿No es cierto? Usted, ¿no dice muchas veces, o da a entender o siente que no es lo bastante bueno? Pero, ¿para quién, y de acuerdo con las normas de quién?

Si en usted esta creencia es muy fuerte, no podrá crearse una vida sana, una vida de amor, prosperidad y júbilo. Sin que usted sepa cómo, su fundamental creencia subconsciente estará siempre contradiciendo este propósito. Sin saber por qué, usted jamás conseguirá llegar del todo a cumplirlo, porque siempre, en alguna parte, habrá algo que ande mal.

Siento que el resentimiento, las críticas, la culpa y el miedo causan más problemas què ninguna otra cosa

Estas cuatro cosas son las que provocan los principales desarreglos en nuestro cuerpo y en nuestra vida. Son sentimientos que se generan en el hecho de culpar a otros en vez de asumir la responsabilidad por nuestras propias experiencias. Si somos responsables en un ciento por ciento de todo lo que nos sucede en la vida, entonces no hay nadie a quien podamos culpar. Sea lo que fuere lo que está sucediendo «ahí fuera», no es más que un reflejo de lo que pensamos interiormente. No estoy perdonando el mal comportamiento de otras personas, pero son *nuestras* creencias lo que atrae a la gente que nos trata de esa manera.

Si se descubre diciendo que todos le hacen siempre tal o cual cosa, lo critican, no le ayudan jamás, lo tratan como a un felpudo y lo insultan, piense que eso es *su modelo*. En su mente hay alguna idea que atrae a las personas que exhiben ese comportamiento. Cuando deje de pensar de esa manera, se irán a otra parte a hacérselo a otro, porque usted ya no los atraerá.

He aquí algunos resultados de las pautas que se manifiestan en el nivel físico: Un resentimiento largamente cultivado puede carcomer el cuerpo hasta convertirse en la enfermedad que llamamos cáncer. Con frecuencia, el hábito permanente de la crítica conduce a la aparición de artritis. La culpa siempre busca el castigo, y el castigo provoca dolor. (Cuando alguien que viene a consultarme se queja de mucho dolor, sé que es una persona que carga con mucha culpa.) La tensión que el miedo produce puede provocar afecciones como la calvicie, úlceras e incluso llagas en los pies.

He comprobado que al perdonar y renunciar al resentimiento se puede disolver incluso el cáncer. Esto puede parecer simplista, pero es algo que he visto y he experimentado personalmente.

Podemos cambiar nuestra actitud hacia el pasado

Lo pasado, pasado, se suele decir. El pasado ya no se puede cambiar, pero sí podemos cambiar nuestra manera de pensar en él. Es una tontería que *nos castiguemos* en el presente porque alguien nos hizo sufrir en un remoto pasado.

–Empiece a disolver ese resentimiento **ahora** que es relativamente fácil –suelo decirle a la gente que alberga resentimientos profundos–. No espere a verse ante la amenaza de un bisturí o en su lecho de muerte, cuando tal vez tenga que enfrentar también el pánico. Cuando somos presa del pánico es muy difícil concentrar la mente en el trabajo curativo. Primero necesitamos tiempo para disolver los miedos. Si optamos por creer que somos víctimas indefensas, y que en ninguna parte hay esperanza, el Universo nos apoyará en esa creencia, y nada podrá salvarnos. Es vital que renunciemos a esas ideas y creencias tontas, negativas y anticuadas que no nos sirven de apoyo ni nos alimentan. Hasta nuestro concepto de Dios ha de ser el de alguien que está *de nuestra parte*, y no contra nosotros.

**Para renunciar al pasado,
debemos estar dispuestos a olvidar**

Es necesario que nos decidamos a renunciar al pasado y a perdonar, incluso a nosotros mismos. Es probable que no sepamos perdonar, y también que no queramos perdonar; sin embargo, el simple hecho de decir que estamos dispuestos a hacerlo inicia el proceso de curación. Para curarnos, es imperativo que «nosotros» renunciemos al pasado y que perdonemos.

«Te perdono por no ser como yo quería que fueras. Te perdono y te dejo en libertad.»

Quien se libera con esta afirmación somos *nosotros*.

Toda enfermedad proviene de no haber perdonado algo

Cada vez que enfermamos, debemos buscar en nuestro corazón qué es lo que necesitamos perdonar.

En *A Course in Miracles* (Un curso en milagros) se nos dice que «Toda enfermedad proviene de no haber perdonado algo», y que «Cada vez que enfermamos, debemos mirar a nuestro alrededor para ver a quién tenemos que perdonar.»

A esta idea añadiría yo que la persona a quien más difícil

se nos hace perdonar es aquella misma de quien *más necesitamos liberarnos*. Perdonar significa renunciar, dejar en libertad. No tiene nada que ver con ningún comportamiento externo; es simplemente no seguir aferrado a algo. No es necesario que sepamos *cómo* perdonar; lo único que hace falta es que estemos *dispuestos* a hacerlo, que de los cómos ya se encargará el Universo.

Aunque entendemos tan bien nuestro dolor, ¡qué duro nos resulta a casi todos entender que *ellos*, sean quienes fueren esos que más necesitamos perdonar, también sufrían! Es necesario que entendamos que estaban haciendo lo mejor que podían con la comprensión, la conciencia y el conocimiento que tenían en aquel momento.

Cuando alguien viene a mí con un problema, no me importa de qué se trata; ya sea mala salud, falta de dinero, relaciones insatisfactorias o una creatividad sofocada, yo siempre trabajo sobre una sola cosa, que es el *amor a sí mismo*.

He comprobado que cuando realmente nos amamos, es decir, cuando nos aceptamos y aprobamos *exactamente tal como somos*, todo funciona bien en la vida. Es como si por todas partes se produjeran pequeños milagros. Nuestra salud mejora, atraemos hacia nosotros más dinero, nuestras relaciones se vuelven más satisfactorias, y empezamos a expresarnos de manera más creativa. Y parece que todo eso sucediera sin que lo intentásemos siquiera.

Si uno se ama y se aprueba a sí mismo, creándose un espacio mental de seguridad, confianza, mérito y aceptación, eso aumentará su organización mental, creará más relaciones de amor en su vida, le traerá un trabajo nuevo y un lugar nuevo y mejor donde vivir; incluso le permitirá normalizar su peso corporal. Las personas que se aman a sí mismas, y que aman su cuerpo, no abusan de sí mismas ni de los demás.

Aprobarse y aceptarse a sí mismo en el ahora es el primer paso hacia un cambio positivo en todos los ámbitos de la vida.

El amor a nosotros mismos, tal como yo lo veo, comienza por no criticarnos jamás por nada. La crítica nos inmoviliza en la pauta misma que estamos intentado cambiar; entendernos y ser amables con nosotros mismos nos ayuda a salir de ella. Recuerde los años que se ha pasado criticándose sin resultado alguno. Haga la experiencia: apruébese, y vea qué es lo que sucede.

En la infinitud de la vida, donde estoy,
todo es perfecto, completo y entero.
Creo en un poder mucho mayor que yo, que fluye
a través de mí en cada momento del día.
Porque sé que en este Universo
hay solamente Una Inteligencia,
me abro a la sabiduría interior. De esta
Unica Inteligencia provienen todas las respuestas,
toda curación, todas las soluciones, toda creación nueva.
En ese Poder y esa Inteligencia confío,
sabiendo que todo lo que necesito saber se me revela
y que todo lo que necesito me llega
en el momento, el lugar y el orden adecuados.
Todo está bien en mi mundo.

Segunda parte

UNA SESION CON LOUISE

Capítulo 2
¿CUAL ES EL PROBLEMA?

«No hay peligro en mirar hacia adentro.»

El cuerpo no me funciona

Me duele, me sangra, me molesta, supura, se me tuerce, se me hincha, cojea, me arde, envejece, ve mal, oye mal, es una ruina... Más cualquier otra queja que a usted se le ocurra. Creo que ya las he oído todas.

Mis relaciones no funcionan

Son sofocantes, exigentes, no están nunca, no me apoyan, siempre están criticándome, no me quieren, jamás me dejan tranquilo, están todo el tiempo metiéndose conmigo, no se preocupan por mí, me llevan por delante, jamás me escuchan, etcétera. Más cualquier otra queja que a usted se le ocurra. Sí, todas éstas las he oído también muchas veces.

Mis finanzas no funcionan

Mis entradas son insuficientes, irregulares, no me bastan, el dinero se me va más rápido de lo que entra, no me alcanza para pagar las cuentas, se me escurre entre los dedos, etcétera. Más cualquier otra queja que a usted se le ocurra. ¡Claro que las he oído todas!

Mi vida no funciona

Jamás consigo hacer lo que quiero. No puedo contentar a nadie. No sé lo que quiero. Nunca me queda tiempo para mí. Mis necesidades y deseos siempre quedan postergados. Si hago esto no es más que por complacerlos. No soy más que un felpudo. A nadie le importa lo que yo quiero. No tengo talento. No soy capaz de hacer nada bien. No hago más que postergar decisiones. A mí nada me sale bien. Etcétera. Más cualquier otra queja que a usted se le ocurra. He oído todas éstas, y muchas más.

Cada vez que le pregunto a una clienta (o a un cliente) nueva qué es lo que le pasa, por lo general recibo una de esas respuestas... o quizá varias. Realmente, ellos creen que conocen el problema, pero yo sé que esas quejas no son más que el efecto externo de formas de pensar, que son internas. Por debajo de las pautas internas del pensamiento se oculta otra pauta, más profunda y más fundamental, que es la base de todos los efectos externos.

Escucho las palabras que usan, mientras les voy haciendo algunas preguntas básicas:

¿Qué está sucediendo en su vida?
¿Cómo anda de salud?
¿Cómo se gana la vida?
¿Le gusta su trabajo?
¿Cómo van sus finanzas?
¿Cómo es su vida amorosa?
¿Cómo terminó su última relación?
Y la anterior a ésa, ¿cómo terminó?
Hábleme brevemente de su niñez.

Observo la postura corporal y los movimientos faciales, pero sobre todo, escucho realmente lo que dicen y cómo lo dicen. Las ideas y las palabras crean nuestras experiencias futuras. Mientras las escucho, puedo entender fácilmente por qué esas personas tienen precisamente esos problemas. Las palabras que pronunciamos son indicadores de lo que interiormente pensamos. A veces, las palabras que usan mis clientes no cuadran con las experiencias que describen. Entonces sé que no están en contacto con lo que realmente sucede, o que me están mintiendo; una de dos. Y cualquiera de las alternativas es un punto de partida, y nos proporciona una base desde la cual comenzar.

Ejercicio: Debería

En segundo lugar, les doy un bloc y un bolígrafo y les digo que escriban en lo alto de la página:

DEBERÍA

_____

_____

_____

_____

_____

Se trata de hacer una lista de cinco o seis maneras de terminar esa oración. Hay personas a quienes se les hace difícil empezar, y otras que tienen tantas cosas para escribir que se les hace difícil detenerse.

Después les pido que vayan leyendo las frases de la lista una a una, comenzando cada oración con un «Debería...», y a medida que las van leyendo, les pregunto: «¿Por qué?»

Las respuestas que obtengo son interesantes y reveladoras, como las siguientes:

Porque me lo dijo mi madre.
Porque me daría miedo no hacerlo.
Porque tengo que ser perfecto.
Bueno, es lo que tiene que hacer todo el mundo.
Porque soy demasiado perezoso, demasiado alto, demasiado bajo, demasiado gordo, demasiado tonto (o delgado, feo, inútil...).

Esas respuestas me enseñan cuál es el punto en que están atascados en sus creencias, y cuáles creen que son sus limitaciones.

No hago comentarios sobre las respuestas. Cuando han terminado con la lista, les hablo de la palabra «debería». Creo que «debería» es una de las palabras más dañinas de nuestro lenguaje. Cada vez que la usamos estamos, de hecho, hablando de una «equivocación». Decimos que *estamos* equivocados, o que lo *estuvimos* o que lo *estaremos*. No creo que necesitemos más equivocaciones en nuestra vida. Lo que necesitamos es tener más libertad de elección. A mí me gustaría hacer desaparecer para siempre de nuestro vocabulario la palabra «debería», y reemplazarla por «podría». «Podría» nos permite una opción, y nunca nos equivocamos.

Después pido a mis clientes que vuelvan a leer las frases de la lista una a una, pero que esta vez empiecen cada oración diciendo: «Si realmente quisiera, podría...» Eso arroja sobre el tema una luz completamente nueva.

Mientras van respondiendo, pregunto con dulzura a mis clientes por qué no lo han hecho. También aquí podemos oír respuestas reveladoras:

Porque no quiero.
Tengo miedo.
No sé cómo.
Porque no sirvo para nada.
Etcétera.

Con frecuencia me encuentro con personas que se reprochan desde hace años algo que, para empezar, jamás quisieron hacer. O que se critican por no hacer algo que en realidad no fue idea de ellas, sino de otra persona que alguna vez les dijo que «deberían...». Cuando se dan cuenta de eso, ya pueden ir borrando aquello de su «lista de deberías», ¡y con qué alivio!

Fíjense en toda la gente que durante años intenta estudiar una carrera que ni siquiera les gusta, sólo porque los padres les dijeron que deberían ser dentistas o maestros. Piensen cuántas veces nos hemos sentido inferiores porque cuando éramos niños nos dijeron que deberíamos ser más despiertos o más ricos, o más creativos, como el tío tal o la prima cual.

¿Qué tiene usted en su «lista de deberías» que ya podría ir borrando con sensación de alivio? Después de pasar revista a esta breve enumeración, los clientes empiezan a considerar su vida desde un ángulo nuevo y diferente. Se dan cuenta de que mucho de lo que pensaban que deberían hacer son cosas que ellos, en realidad, jamás habían querido hacer, y de que al intentarlo sólo procuraban complacer a alguien. En muchos casos, se dan cuenta de que si no hacen lo que quieren es porque tienen miedo de no ser lo bastante capaces.

Ahora el problema ha empezado a cambiar. He conseguido que inicien el proceso de dejar de sentir que «están equivocados» porque no están ajustándose a ninguna norma externa.

Después empiezo a explicarles *mi filosofía de la vida*, tal como la presenté en el primer capítulo. Yo creo que la vida es realmente muy simple. Lo que recibimos del exterior es lo que antes enviamos. El Universo apoya totalmente cada idea que decidimos pensar y creer. Cuando somos pequeños, de las reacciones de los adultos que nos rodean aprendemos nuestras creencias y nuestros sentimientos hacia nosotros mismos y hacia la vida. Sean cuales fueren esas creencias, al crecer las reeditaremos como experiencias. Sin embargo, se trata solamente de formas de pensar, y *el momento del poder es siempre el presente*. Los cambios se pueden iniciar en este mismo momento.

Amarse a sí mismo

Luego explico a mis clientes que, independientemente de lo que parezca ser el problema, siempre centro mi trabajo en una única cosa, y es *Amarse a sí mismo*. El amor es la cura milagrosa: si nos amamos, aparecen los milagros en nuestra vida.

No estoy hablando de vanidad ni arrogancia ni engrei-
miento, porque nada de eso es amor: no es más que miedo.
De lo que hablo es de tener un gran respeto por.nosotros mismos, y de estar agradecidos por el milagro de nuestro cuerpo
y de nuestra mente.
Para mí, «amor» es apreciación llevada a un grado tal que
me llena el corazón hasta rebosar. El amor puede orientarse
en cualquier dirección. yo puedo sentir amor por:

El proceso de la vida como tal.
El júbilo de estar viva.
La belleza que veo.
Otra persona.
El conocimiento.
El funcionamiento de la mente.
Nuestro cuerpo y la forma en que funciona.
Los animales, aves y peces.
La vegetación en todas sus formas.
El Universo y la forma en que funciona.

¿Qué puede añadir usted a esta lista?
Veamos algunas formas en que no nos amamos:

Nos regañamos y criticamos interminablemente.
Maltratamos el cuerpo con la mala alimentación,
   el alcohol y otras drogas.
Aceptamos creer que no somos dignos de amor.
No nos atrevemos a cobrar un precio digno por
   nuestros servicios.
Creamos enfermedades y dolor en nuestro cuerpo.
Nos demoramos en hacer las cosas que nos
   beneficiarían.
Vivimos en el caos y el desorden.
Nos creamos deudas y obligaciones.
Atraemos amantes y compañeros que nos humillan.

Piense cuáles son algunas de sus maneras.

Si, de la manera que sea, *negamos nuestro bien,* ése es un acto en que no nos amamos a nosotros mismos. Recuerdo a una clienta mía que usaba lentillas. Un día se libró de un antiguo miedo que le venía de la infancia, y a la mañana siguiente, al despertarse, se dio cuenta de que las lentes de contacto le molestaban demasiado para ponérselas. Miró a su alrededor y comprobó que veía con perfecta claridad. Sin embargo, se pasó el día entero diciéndose para sus adentros: «Pues no me lo creo.» Al día siguiente volvió a usarlas. Nuestro subconsciente no tiene sentido del humor. Mi clienta no podía creer que se hubiera creado una vista perfecta.

El *desconocimiento del propio valor* es otra forma de expresar que no nos amamos a nosotros mismos.

Tom era un pintor excelente, y tenía algunos clientes adinerados que le pedían que les pintase murales en sus casas. Sin embargo, no se sabía por qué él siempre se quedaba corto en sus honorarios. Su factura jamás llegaba a cubrir el tiempo que le había llevado el trabajo. Cualquiera que ofrece un servicio o crea un producto que es único en su género puede fijarle cualquier precio. A los ricos les encanta pagar mucho por lo que compran; sienten que eso da más valor al artículo. He aquí algunos ejemplos más:

Mi compañero está cansado y de mal humor, y pienso qué habré hecho *yo* para que así sea.

Alguien me invita a salir un par de veces y después no vuelve a llamar. Supongo que yo *debo* de haber cometido alguna incorrección.

Mi matrimonio se deshace, y me quedo convencida de que el fracaso es *mío.*

Mi cuerpo no está a la altura de los de las revistas de moda, femenina o masculina, y me siento inferior.

Si no «hago la venta» o no «consigo el papel», estoy seguro de que «no sirvo para nada».

Como me asusta la intimidad, no permito que nadie se me acerque demasiado y me refugio en los contactos sexuales anónimos.

No puedo tomar decisiones porque estoy seguro de
equivocarme.

¿Cómo expresa *usted* su desconocimiento de su propio
valor?

La perfección de los bebés

¡Qué perfecta era usted cuando era bebé! Los bebés no tienen que hacer nada para ser perfectos; ya lo son, y actúan
como si lo supieran. Saben que son el centro del Universo.
No tienen miedo de reclamar lo que quieren. Expresan libremente sus emociones. Uno sabe cuándo un bebé está enojado, y además lo sabe todo el vecindario. También se sabe
cuándo están contentos, con esa sonrisa que ilumina toda la
habitación. Los bebés están llenos de amor.
Los más pequeñitos pueden morirse por falta de amor.
Cuando ya somos mayores, aprendemos a vivir sin amor,
pero los bebés no son capaces de resistirlo. Además, aman
todo su cuerpo, incluso sus propias heces. Tienen una ente-
reza increíble.
Usted ha sido así: todos hemos sido así. Después empezamos a escuchar a los adultos que nos rodeaban, que habían
aprendido a tener miedo, y empezamos a negar nuestra propia magnificencia.
Yo nunca me lo creo cuando los clientes intentan conven-
cerme de lo terribles y poco dignos de amor que son. Mi trabajo consiste en devolverlos a aquella época en que realmente sabían amarse a sí mismos.

Ejercicio: El espejo

Después pido al cliente que tome un espejito, se
mire a los ojos, pronuncie su nombre y se diga: «Te
amo y te acepto exactamente tal como eres.»

Esto es *tremendamente* difícil para muchas personas. Es
muy raro que alguien reaccione con calma, y no digamos con

placer, ante este ejercicio. Algunos lloran o llegan al borde de las lágrimas, otros se encolerizan, hay quien resta méritos a sus rasgos o cualidades y quien insiste en que *no puede* hacer algo así. Hasta hubo un hombre que arrojó el espejo al otro lado de la habitación y trató de huir. Necesitó varios meses para ser capaz de establecer una relación consigo mismo en el espejo.

Durante años, yo me miré en el espejo sólo para criticar lo que veía. Ahora me divierte recordar las horas interminables que me pasaba depilándome las cejas en el intento de hacerme por lo menos aceptable. Recuerdo que solía darme miedo mirarme a los ojos.

Este ejercicio tan simple me enseña muchas cosas. En menos de una hora puedo llegar a algunos de los problemas fundamentales subyacentes por debajo del que aparece como problema manifiesto. Si trabajamos solamente en el nivel de este último, podemos pasarnos un tiempo interminable resolviendo todos los detalles, y en el momento en que creemos haberlo «arreglado», vuelve a saltar donde no lo esperábamos.

«El problema» casi nunca es el verdadero problema

Una clienta estaba tan preocupada por su aspecto, y especialmente por los dientes, que iba de un dentista a otro, y decía que lo único que conseguía era que cada vez se le viera peor. Cuando fue a hacerse arreglar la nariz, no se lo hicieron bien. Cada profesional reflejaba su propia convicción de que era fea. El problema no estaba en su apariencia, sino en su convencimiento de que eso era un problema.

Otra mujer tenía un aliento muy desagradable; era incómodo estar cerca de ella. Estaba estudiando para ser predicadora, y por debajo de su porte espiritual y piadoso había una furiosa corriente de cólera y celos que estallaba ocasionalmente, cuando ella temía que alguien pudiera estar amenazando su posición. Lo que interiormente sentía se expresaba en su aliento, ofensivo incluso cuando ella procuraba demostrar amor. Nadie la amenazaba, a no ser ella misma.

Un día vino a verme un chico de quince años, acompañado de su madre; tenía la enfermedad de Hodgkin, y le concedían tres meses de vida. Comprensiblemente, la madre estaba histérica y era de trato difícil, pero el muchacho, despierto e inteligente, quería vivir. Se mostró dispuesto a hacer todo lo que le dije, incluso a cambiar su manera de pensar y de hablar. Sus padres, separados, estaban siempre discutiendo, y en realidad el joven no tenía una vida hogareña estable. Deseaba desesperadamente ser actor. La persecución de la fama y la fortuna pesaba en él mucho más que su capacidad para el júbilo. Creía que sólo podía ser aceptado y reconocido en su valor si se hacía famoso. Le enseñé a amarse y aceptarse como era, empezó a ponerse bien y ahora, ya adulto, actúa con regularidad en Broadway. A medida que aprendía a aceptar el gozo de ser quien era, le fueron ofreciendo diversos papeles.

El *exceso de peso* es otro buen ejemplo de cómo podemos desperdiciar muchísima energía en el intento de corregir un problema que no es el real. Es frecuente que la gente se pase años y años combatiendo el fantasma de la grasa, sin poder rebajar de peso. Entonces culpan de todos sus problemas al exceso de peso, que en realidad no es más que un efecto externo de un profundo problema interior, que, por lo que he podido comprobar, es siempre miedo y necesidad de protección. Cuando se siente asustada o insegura, o le parece que «no sirve para», mucha gente se refugia en los kilos extra como una protección.

Insistir en acusarnos de pesar demasiado, sentirnos culpables con cada bocado que comemos, repetir todos los rituales a que nos sometemos cuando aumentamos de peso, todo eso no es más que una pérdida de tiempo. Dentro de veinte años podemos seguir en la misma situación, si no hemos abordado jamás el verdadero problema. Lo único que habremos hecho será asustarnos más y sentirnos más inseguros, y entonces necesitaremos pesar más para compensar y obtener cierta protección.

Por eso yo me niego a concentrarme en el exceso de peso y en las dietas, porque las dietas no funcionan. La única dieta que da resultado es mental: privarse de pensamientos negativos. «Por el momento vamos a dejar de lado ese problema –les digo a mis clientes– mientras trabajamos antes con otras cosas.»

Es frecuente que me digan que no pueden amarse porque son tan gordos que, como decía una chica, «son demasiado redondos en los bordes». Entonces les explico que son gordos porque no se tienen amor a sí mismos. Cuando empezamos a amarnos y aprobarnos, es sorprendente la forma en que desaparece el exceso de peso.

A veces los clientes llegan incluso a enojarse conmigo cuando les explico lo simple que es cambiar su vida. Quizá sienten que no entiendo sus problemas. Una mujer se puso muy mal y me dijo que había acudido a la consulta para que le ayudara a preparar su tesis, y no para aprender a amarse a sí misma. Para mí era obvio que su problema principal era un enorme odio hacia sí misma, que invadía todos los aspectos de su vida, incluso la preparación de la tesis. Aquella mujer no podría tener éxito en nada mientras se sintiera tan indigna de todo.

Incapaz de escucharme, se fue llorando, para volver un año más tarde con el mismo problema, amén de muchos otros. Hay personas que aún no están listas, y decir esto no es juzgarlas. Todos empezamos a cambiar en el momento, el lugar y el orden adecuados *para nosotros.* Yo no empecé hasta después de los cuarenta.

El verdadero problema

Heme aquí, pues, con un cliente o una clienta que acaba de mirarse en el inocente espejito, y está en plena conmoción. Con una sonrisa de deleite, lo animo:

–Bueno, ahora que estamos viendo el «verdadero problema» podemos empezar a despejar lo que realmente le está obstruyendo el camino.

Y le sigo hablando del amor a uno mismo, de cómo para mí el amor a uno mismo comienza con la disposición a no criticarse nunca, jamás, por nada.

Observo su expresión cuando les pregunto si ellos se auto-critican. Es mucho lo que me dicen sus reacciones:

Pero claro que sí.
Continuamente.
Ahora no tanto como antes.
Bueno, ¿cómo voy a cambiar si no me critico?
¿Acaso no lo hacen todos?

A esto último les respondo que no estamos hablando de todos, sino de ella (o de él). E insisto:

–¿Por qué se autocritica? ¿Qué hay de malo en usted?

Mientras hablan, voy haciendo una lista, y lo que dicen coincide a menudo con su «lista de deberías». Sienten que son demasiado altos, demasiado bajos, demasiado gordos, demasiado flacos, demasiado tontos, demasiado viejos, de-masiado jóvenes, demasiado feos. (Esto último lo dicen con frecuencia los más apuestos y guapos.) O si no, para ellos es demasiado tarde, demasiado pronto, demasiado difícil, de-masiado... Casi siempre es «demasiado» algo. Finalmente, cuando llegamos a tocar fondo, me dicen: «Es que no sirvo para nada.»

¡Por fin! Después de todo, hemos llegado al problema cen-tral. Se critican porque han aprendido a creer que «no sirven para nada». Los clientes siempre se quedan pasmados ante la rapidez con que hemos llegado a este punto. Ahora ya no te-nemos que preocuparnos por efectos secundarios como los problemas corporales, o de relación o de dinero, ni por la falta de expresiones creativas. Y podemos consagrar todas nuestras energías en disolver la causa del problema: *¡No se aman a sí mismos!*

En la infinitud de la vida, donde estoy,
todo es perfecto, completo y entero.
La Divinidad siempre me guía y me protege.
No corro peligro al mirar dentro de mí.
No corro peligro al evocar el pasado.
No corro peligro si amplío mi visión de la vida.
Soy mucho más que mi personalidad, pasada, presente
o futura.
Opto ahora por elevarme por encima de mis problemas de
personalidad para reconocer la magnificencia de mi ser.
Estoy totalmente en disposición de aprender a amarme.
Todo está bien en mi mundo.

Capítulo 3

¿DE DONDE PROVIENE?

«El pasado no tiene poder sobre mí.»

Está bien, hemos examinado un montón de cosas, y hemos ido pasando por el cedazo lo que *creíamos* que era el problema. Ahora nos hemos encontrado con lo que, a mi modo de ver, es el verdadero problema. nos sentimos *totalmente desvalorizados,* y el *amor a sí mismo escasea.* Según como veo yo la vida, si hay algún problema, esto tiene que ser verdad. Veamos, entonces, de dónde vino esta creencia.

¿Cómo pasamos de ser un bebé diminuto que conoce su propia perfección y la de la vida, a convertirnos en una persona con problemas, que se siente, en mayor o menor medida, indigna y no merecedora de amor? Aquellos que ya se aman a sí mismos pueden amarse aún más.

Piensen en una rosa, desde el momento en que es un capullo. Mientras se abre para florecer plenamente, hasta que se le cae el último pétalo, es siempre bella, siempre perfecta, siempre cambiante. Lo mismo que nosotros. Somos siempre perfectos, siempre bellos, siempre cambiantes. En todo momento hacemos lo mejor que podemos con el entendimiento, la conciencia y el conocimiento que tenemos. A medida que tengamos más entendimiento, más conciencia y más conocimiento, iremos haciendo las cosas de otra manera.

La limpieza de la casa mental

Ahora es el momento de examinar un poco más **nuestro**

pasado, de echar un vistazo a algunas de esas creencias que han venido rigiéndonos.

A algunas personas esta parte del proceso de limpieza se les hace muy dolorosa, pero no tiene por qué serlo. Debemos mirar qué es lo que hay que limpiar antes de poder hacerlo.

Si uno quiere limpiar una habitación a fondo, empezará por revisar todo lo que hay en ella. Habrá algunas cosas que mirará con ternura, y las lustrará o les quitará el polvo para darles una belleza nueva. Con otras, tomará nota de que que necesitan una reparación o un retoque. Habrá algunas que jamás volverán a servirle, y es el momento de deshacerse de ellas. Las revistas y los periódicos viejos, como los platos de papel usados, se pueden tirar con toda calma a la basura. No hay necesidad de enojarse para limpiar una habitación.

Lo mismo sucede cuando estamos limpiando nuestra casa mental. No hay necesidad de enojarse porque alguna de las creencias que guardábamos en ella ya no sirva. Dejémosla partir tan fácilmente como, después de haber cenado, arrojamos a la basura los restos de comida. Realmente, ¿buscaría usted en la basura de ayer algo para preparar la cena de esta noche? Y para crear las experiencias de mañana, ¿rebusca en la vieja basura *mental*?

Si una idea o una creencia no le sirve, ¡renuncie a ella! Ninguna ley dice que porque una vez haya creído en algo, tiene usted que seguir haciéndolo para siempre.

Veamos, pues, algunas de esas creencias que nos limitan y observemos de dónde vienen.

CREENCIA LIMITATIVA: «Yo no sirvo para nada.»

DE DONDE PROVIENE: De un padre que le repitió insistentemente que era un estúpido.

El cliente decía que quería ser un triunfador para que su padre se enorgulleciera de él, pero como estaba cargado de culpa, que le creaba resentimiento, lo único que podía producir era un fracaso tras otro. El padre no dejaba de financiarle negocios que siempre fracasaban. El cliente usaba esos fracasos para desquitarse, obligando a su padre a pagar continuamente, pero por supuesto, el que más perdía era *él*.

CREENCIA LIMITATIVA: Falta de amor a sí misma.

DE DONDE PROVIENE: Del intento de obtener la aprobación del padre.

Nada había menos deseable para esa clienta que ser como su padre. Jamás podían ponerse de acuerdo en nada y estaban siempre discutiendo. Ella sólo quería su aprobación, pero no conseguía más que críticas. Estaba llena de dolores físicos, exactamente como su padre, pero no se daba cuenta de que el enojo que sentía era la causa de los dolores, tal como le sucedía también a su padre.

CREENCIA LIMITATIVA: La vida es peligrosa.

DE DONDE PROVIENE: De un padre asustado.

Otra clienta veía la vida como algo hosco y duro. Reírse era difícil para ella, y cuando lo hacía, temía que le sucediera algo «malo». La habían criado con la amenaza de que «si te ríes, te lo harán pagar».

CREENCIA LIMITATIVA: No sirvo...

DE DONDE PROVIENE: De sentirse abandonado y descuidado.

Al cliente se le hacía difícil hablar; el silencio se había convertido en su modo de vida. Acababa de dejar las drogas y el alcohol, y estaba convencido de su inutilidad. Su madre había muerto cuando él era muy pequeño, y lo había educado una tía que muy rara vez le hablaba, a no ser para darle alguna orden, de modo que el muchacho creció en silencio. Hasta comía solo y sin hablar, y día tras día permanecía solo en su habitación, en silencio. Había tenido un amante, que era también un hombre taciturno; ambos pasaban la mayor parte del tiempo juntos, sin hablar. Cuando aquel hombre murió, mi cliente volvió a quedarse solo.

Ejercicio: Mensajes negativos

El ejercicio siguiente consiste en apuntar en una hoja grande de papel todas las cosas que sus padres

decían que estaban mal en usted. ¿Cuáles eran
los mensajes negativos que usted oía? Concédase
el tiempo suficiente para recordar tantos como
pueda. Por lo general, con una hora está bien.
¿Qué le decían sobre el dinero? ¿Y sobre su
cuerpo? ¿Qué le decían del amor y de las relaciones
sexuales? ¿Qué le decían sobre su capacidad creadora? ¿Cuáles eran las cosás limitadoras o negativas que le decían?

Si puede, considere objetivamente estos puntos,
y dígase: «Conque de ahí es de donde proviene esta
creencia.»

Ahora busque otra hoja de papel, para profundizar un poco más. ¿Qué otros mensajes negativos
oyó usted de pequeño?

De sus parientes _____

De sus maestros _____

De sus amigos _____

De figuras de autoridad _____

De su iglesia _____

Escríbalos todos, tomándose su tiempo. Esté
atento a las sensaciones corporales que vaya teniendo.

En esas dos hojas de papel están las ideas que necesita hacer desaparecer de su conciencia. Son esas
creencias las que le hacen sentir que no sirve.

Véase como a un niño

Si pusiéramos a un niño de tres años en medio de la habitación, y empezáramos a gritarle, diciéndole que es un estúpido, incapaz de hacer nada bien, que debe hacer esto y no
hacer lo otro, y que se fije en los desastres que provoca, y de
paso le diéramos algún que otro golpe, al final tendríamos un
chiquillo asustado que se sienta obedientemente en un rincón, o un rebelde que destroza cuanto tiene a su alcance. El
niño mostraría uno de estos dos comportamientos, pero
jamás llegaríamos a saber qué potencial tenía.

Si al mismo niño le decimos cuánto lo queremos y cuánto nos importa, que nos encanta el aspecto que tiene y que es simpático e inteligente, que nos gusta su manera de hacer las cosas y que está bien que cometa errores mientras aprende, y que estaremos siempre a su lado en cualquier situación... ¡entonces, el potencial que muestre ese niño nos dejará alucinados!

Todos llevamos dentro un niño de tres años, y con frecuencia nos pasamos la mayor parte del tiempo gritándole... y después nos preguntamos por qué nuestra vida es como es.

Si tuviera usted una amiga que siempre lo criticara, ¿querría estar cerca de ella? Quizá de niño lo trataron así; es una pena, pero eso fue hace mucho tiempo, y si ahora es usted quien opta por tratarse de la misma manera, es más triste aún.

De modo que ahora tenemos ante nosotros una lista de los mensajes negativos que oíamos de niños. ¿Qué correspondencia hay entre su lista y lo que siente que está mal en usted? ¿Son casi iguales? Probablemente sí.

Como base del guión de nuestra vida usamos aquellos primeros mensajes. Todos somos niñitos buenos y aceptamos obedientemente lo que «ellos» nos dicen que es verdad. Sería muy fácil limitarse a culpar a nuestros padres y ser víctimas durante el resto de nuestra vida, pero no sería muy divertido... y ciertamente, no nos sacaría del atolladero.

Culpar a la familia

Echar la culpa a alguien es una de las maneras más seguras de seguir con un problema. Al culpar a otro, renunciamos a nuestro poder. Entender las cosas nos permite distanciarnos del problema y controlar nuestro futuro.

El pasado no se puede cambiar, pero el futuro va siendo configurado por lo que pensamos hoy. Para liberarnos, es imprescindible que comprendamos que nuestros padres hicieron lo mejor que podían dado el entendimiento, la conciencia y los conocimientos que tenían. Cada vez que culpa-

.mos a alguien, dejamos de hacernos responsables de nosotros mismos.

Las personas que nos hicieron esas cosas tan terribles estaban tan asustadas y desorientadas como nosotros; sentían el mismo desvalimiento. No tenían la menor posibilidad de enseñarnos nada más que lo que a ellos les habían enseñado.

¿Qué sabe usted de la niñez de sus padres, especialmente antes de los diez años? Si todavía le es posible averiguarlo, pregúnteles. Si puede saber algo de cuando ellos eran niños, le será más fácil entender por qué hicieron lo que hicieron. Y ese entendimiento le aportará compasión.

Si no lo sabe, y ya no puede averiguarlo, procure imaginarse cómo puede haber sido. ¿Qué clase de infancia puede crear un adulto así?

Usted necesita saberlo, por su propia libertad. Porque no puede liberarse mientras no los libere; no puede perdonarse mientras no los perdone. Si les exige perfección, también se la exigirá a sí mismo, y será durante toda su vida un desdichado.

Elegimos a nuestros padres

Yo estoy de acuerdo con la teoría de que elegimos a nuestros padres. Las lecciones que aprendemos suelen armonizar perfectamente con las «debilidades» de los padres que tenemos.

Creo que todos vamos haciendo un viaje interminable a través de la eternidad. Venimos a este planeta para aprender determinadas lecciones que son necesarias para nuestra evolución espiritual. Escogemos nuestro sexo, el color de nuestra piel, nuestro país, y después buscamos los padres que mejor puedan «reflejar» las pautas que han de regir nuestra vida.

Hacemos nuestras visitas a este planeta como quien va a la escuela. Si uno quiere hacerse esteticista, va a una escuela de esteticistas; si quiere ser mecánico, a una escuela industrial; si quiere ser abogado, a una facultad de derecho. Los padres que hemos escogido esta vez son la perfecta pareja de «expertos» en lo que hemos decidido aprender.

Cuando crecemos, tenemos tendencia a señalar a nuestros padres con un dedo acusador, reprochándoles: «¡Mirad lo que me hicisteis!», pero yo creo que los escogemos.

Escuchar a los demás

Cuando éramos pequeños, nuestros hermanos y hermanas mayores eran dioses para nosotros. Y es probable que, si ellos eran desdichados, se desquitaran con nosotros, física o verbalmente. Quizá nos dijeran cosas como:
–Le diré a mamá (o a papá) lo que hiciste... (infundir culpa).
–Tú eres una mocosa y no puedes hacer eso.
–Eres demasiado estúpido para jugar con nosotros.

También es frecuente que los maestros nos hayan influido mucho. En quinto grado, la maestra me dijo enfáticamente que yo era demasiado alta para ser bailarina. Yo le creí, y dejé de lado mis ambiciones en ese campo hasta que ya fue demasiado tarde para encarar profesionalmente la danza.

¿Comprendía usted que las pruebas y las notas no servían más que para ver cuánto sabía usted en un momento dado, o era un niño que sentía que lo que medían era su propio valor?

Nuestros primeros amigos comparten con nosotros nuestra propia información errónea sobre la vida. Nuestros compañeros de escuela pueden herirnos profunda y duraderamente con sus burlas. Mi apellido, cuando iba a la escuela, era Lunney, y los chicos solían llamarme «lunática».

También los vecinos tienen su influencia, y no sólo por sus observaciones, sino también porque en casa nos reprendían con un: «¿Qué dirán los vecinos?»

Procure recordar qué otras figuras de autoridad tuvieron influencia en su niñez.

Y por cierto que están las afirmaciones, enérgicas y muy persuasivas, que nos llegan mediante los anuncios de la prensa y la televisión. Demasiados son los productos que se venden haciéndonos sentir que si no los usamos, nos falta «clase» o somos tontos.

Todos estamos aquí para trascender nuestras primeras limitaciones, sean éstas las que fueren. Estamos aquí para reconocer nuestra propia magnificencia y nuestra divinidad, no importa lo que *ellos* nos hayan dicho. Usted tiene *sus* propias creencias negativas para superar, y yo tengo que superar *las mías*.

En la infinitud de la vida, donde estoy,
todo es perfecto, completo y entero.
El pasado no tiene poder sobre mí
porque me dispongo a aprender y a cambiar.
Veo el pasado como algo necesario para llegar
a donde hoy estoy.
Me dispongo a empezar, desde donde me encuentro ahora,
a limpiar las habitaciones de mi casa mental.
Sé que no importa por dónde comience,
y por eso ahora empiezo por las habitaciones
más pequeñas y más fáciles, y de esta manera
no tardaré en ver los resultados.
Me fascina estar en mitad de esta aventura, porque sé
que nunca volveré a pasar por esta experiencia.
Me dispongo a liberarme.
Todo está bien en mi mundo.

Capítulo 4

¿ES VERDAD?

«La verdad es la parte inmutable de mí.»

La pregunta sobre si algo es verdadero –o real– tiene dos respuestas: «Sí» y «No». Es verdad si usted *cree* que lo es; no es verdad si usted *cree* que no lo es. El vaso está medio lleno y medio vacío; depende de cómo lo mire. Y hay literalmente billones de cosas que podemos decidir pensar.

La mayoría decidimos pensar las mismas cosas que solían pensar nuestros padres, pero no es necesario que sigamos haciéndolo. No se ha promulgado ninguna ley que diga que sólo podemos pensar de una manera.

Cualquier cosa que yo decida creer, llega a ser verdad para mí. Cualquier cosa que usted decida creer, llega a ser verdad para usted. Lo que pensamos puede ser totalmente diferente. Nuestra vida y nuestras experiencias son totalmente diferentes.

Examine sus ideas

Cualquier cosa que creamos llega a ser verdad para nosotros. Si usted tiene un súbito desastre financiero, puede ser que en algún nivel crea que no se merece la comodidad del dinero, o que se merece tener dificultades y deudas. O bien, si piensa que lo bueno es siempre pasajero, creerá probablemente que la vida está en su contra o, como tantas veces se oye decir, que «usted no es de los que ganan».

Si se siente incapaz de atraer a un hombre, tal vez su

creencia sea: «A mí nadie me quiere» o «Soy indigna de amor». Quizá tenga miedo de ser una mujer dominada, como su madre, o tal vez piense que la gente no hace más que herirla. Si su salud no es buena, es probable que atribuya la enfermedad a una tendencia familiar o que se considere víctima del clima, aunque también puede ser que piense que nació para sufrir o que su cuerpo no le da descanso. O puede tener una creencia diferente. Quizá ni siquiera se dé cuenta de cuál es su creencia, como la mayoría de las personas, que se limitan a ver las circunstancias externas como simplemente la forma en que viene jugada la mano. Mientras alguien no le haga ver la relación entre las experiencias externas y lo que piensa y cree usted en su fuero interno, seguirá siendo una víctima de por vida.

PROBLEMA	CREENCIA
Desastre financiero.	No merezco tener dinero.
Falta de amigos.	Nadie me quiere.
Problemas laborales.	No sirvo para esto.
Complacer siempre a los demás.	Yo nunca consigo lo que quiero.

Sea cual fuere el problema, proviene de un modelo mental, *¡y los modelos mentales se pueden cambiar!*

Pueden darnos la sensación de ser verdad, pueden *parecer* reales, todos esos problemas con los que luchamos y nos debatimos en la vida. Pero por más difícil que sea el problema con que nos enfrentamos, no es más que un resultado o efecto exterior de un modelo mental interno.

Si no sabe cuáles son las ideas que están creando sus problemas, ahora va bien encaminado, porque este libro ha sido pensado para ayudarle a descubrirlas. Considere cada una de las dificultades que tiene en la vida y pregúntese: *¿Qué clase de ideas tengo que me crean esta situación?*

Si se da el tiempo de sentarse en silencio a responderse esta pregunta, su inteligencia interior le dará la respuesta.

No es más que una creencia que usted aprendió de niño

Creemos algunas cosas que *son* positivas, que nos alimentan. Son las ideas que nos son útiles durante toda la vida, como «Mira hacia los dos lados antes de cruzar la calle.»

Otras ideas son muy útiles al comienzo, pero cuando nos hacemos mayores ya no nos sirven. «No confíes en desconocidos» puede ser un buen consejo para un niño pequeño, pero a un adulto mantener esta actitud no le traerá más que soledad y aislamiento.

¿Por qué son tan pocas las veces que nos detenemos a preguntarnos si algo es realmente cierto? Por ejemplo, ¿por qué me creo cosas como que para mí es difícil aprender? ¿Por qué no me pregunto si eso es verdad para mí ahora, de dónde saqué esa creencia, si no vendrá de la infinidad de veces que me lo repitió el maestro de primer grado, si no sería mejor para mí abandonarla?

Creencias como que «los muchachos no lloran» y «las chicas no trepan a los árboles» crean hombres que se avergüenzan de sus sentimientos y mujeres que tienen miedo de su cuerpo.

Si de niños nos enseñaron que el mundo es un lugar espantoso, aceptaremos como válido para nosotros todo lo que refleje esa creencia. Lo mismo se puede decir de frases como: «No te fíes de los extraños», «No salgas de noche» o «La gente te engañará».

En cambio, si de pequeños nos enseñaron que el mundo es un lugar seguro, nuestras creencias serán otras. Nos será fácil aceptar que hay amor en todas partes, que la gente es amistosa, y que siempre tendremos lo que necesitemos.

Si de pequeño le enseñaron que todo era culpa suya, pase lo que pase irá por el mundo sintiéndose culpable. Y esta convicción lo convertirá en alguien que andará continuamente pidiendo disculpas.

O si en su niñez aprendió a pensar «Yo no cuento para nada», esta creencia lo mantendrá siempre en el último lugar, esté donde esté. Como mi vivencia infantil de que a mí nunca me daban una galleta. A veces una llega a sentirse invisible cuando los demás no le prestan atención. Si las circunstancias de su infancia le llevaron a creer que nadie le quería, será seguramente un ser solitario, e incluso cuando consiga una amistad u otra relación, no le durará mucho.

¿Su familia le enseñó que nunca hay bastante? Entonces, muchas veces debe de sentir que no tiene nada en la despensa, o se encuentra con que siempre anda ajustada o vive llena de deudas.

Un cliente mío se crió en un hogar donde creían que todo estaba mal y no podía más que empeorar. Su mayor placer en la vida era jugar al tenis, pero se lesionó una rodilla. Vio a una infinidad de médicos, pero no hizo más que empeorar, hasta que tuvo que dejar de jugar.

Otra persona, el hijo de un predicador, aprendió de pequeño que todos debían ir antes que él. La familia del predicador era siempre la última en todo. Hoy, este hombre es habilísimo para conseguir los mejores negocios para sus clientes, pero él no tiene, generalmente, ni monedas para el metro. Su creencia sigue haciendo de él el último de todos.

Si uno lo cree, parece verdad

Muchísimas veces hemos dicho: «Pues yo soy así» o «Las cosas son así». Con esas palabras estamos diciendo, en realidad, que eso es lo que *creemos* que es verdad para nosotros. Generalmente, lo que creemos no es otra cosa que la opinión de alguien más, que nosotros hemos incorporado a nuestro sistema de creencias. Y seguramente, se adecua a la perfección a todas las otras cosas que creemos.

¿Es usted una de tantas personas que cuando se levantan y ven que está lloviendo, protestan por ese día infame? Pues, *no* es un día infame; no es más que un día de lluvia.

Si nos ponemos la ropa adecuada y cambiamos de actitud, podemos divertirnos muchísimo, de la forma en que es posible divertirse en un día de lluvia. Si realmente creemos que los día de lluvia son infames, entonces cada vez que llueva nos deprimiremos. Nos pasaremos el día peleando con el tiempo, en vez de experimentar plenamente lo que está sucediendo en ese momento.

No hay ni «buen» ni «mal» tiempo: sólo hay tiempo, y nuestras maneras individuales de reaccionar ante él. Si queremos una vida jubilosa, debemos tener pensamientos jubilosos. Si queremos una vida próspera, debemos tener pensamientos de prosperidad. Si queremos una vida llena de amor, debemos poner amor en nuestros pensamientos. *Aquello que, verbal o mentalmente, enviemos hacia afuera, será lo que de la misma forma vuelva a nosotros.*

Cada momento es un nuevo comienzo

Insisto en que *el momento del poder es siempre el presente.* Nunca se está atascado. ¿Dónde se producen los cambios? Aquí y ahora, *¡en nuestra propia mente!* No importa durante cuánto tiempo hayamos seguido un modelo negativo o sufrido una enfermedad o una mala relación, o padecido dificultades financieras. No importa durante cuánto tiempo nos hayamos aborrecido a nosotros mismos. ¡Hoy podemos empezar a cambiar!

Ya no es necesario que su problema sea su verdad. Ahora puede desvanecerse en la nada donde se originó. Usted puede hacerlo.

Recuerde: *¡en su mente no piensa nadie más que usted!* Usted es el poder y la autoridad en su mundo.

Sus ideas y creencias del pasado han creado este momento, y todos los que lo antecedieron. Lo que usted en este momento decida pensar y creer creará el momento siguiente, y el día de mañana, el mes que viene y el próximo año.

Sí, le estoy dando el más maravilloso de los consejos, fruto de mis años de experiencia, y, sin embargo, usted puede seguir escogiendo pensar las mismas cosas de siempre, puede negarse a cambiar y quedarse con todos sus problemas. *En su mundo, ¡el poder es usted! ¡Usted puede conseguir cualquier cosa en que decida pensar!* Este momento inicia el nuevo proceso. Cada momento es un comienzo nuevo, y éste es un comienzo nuevo para usted, ¡aquí y ahora! Es estupendo saberlo. ¡Este momento es el *Momento del Poder!* ¡Es el momento en que se inicia el cambio!

¿Es verdad?

Deténgase un momento y atrape lo que ahora mismo esté pensando. Si es verdad que sus pensamientos configuran su vida, ¿querría usted que lo que ahora mismo estaba pensando se convirtiera en su verdad? Si su pensamiento era de preocupación, de cólera, de resentimiento, de venganza o de miedo, ¿de qué forma cree que volverá a usted?

No siempre es fácil atrapar nuestros pensamientos, que se mueven con tanta rapidez. Sin embargo, ahora mismo podemos empezar a vigilar y a escuchar lo que decimos. Si se oye expresar cualquier cosa negativa, deténgase en mitad de la frase. Vuelva a formular la oración, o abandónela simplemente. Incluso podría decirle: «¡Fuera!»

Imagínese que está haciendo cola en el autoservicio de un hotel de lujo, donde en vez de platos de comida se sirven platos de pensamientos. Usted puede elegir todos los que quiera. Esas ideas son las que crearán sus experiencias futuras.

Ahora bien, si escoge ideas que le creen problemas y sufrimiento, estará haciendo una tontería, como si eligiera comidas que siempre le caen mal. Sin embargo, tan pronto como descubre cuáles son las comidas que le hacen daño, las evita. Lo mismo tiene que hacer con los pensamientos. *Manténgase lejos de las ideas que le causan problemas y dolor.*

Uno de mis primeros maestros, el doctor Raymond Charles Barker, solía repetir:

–Cuando hay un problema, no hay nada que hacer; hay algo que saber.

Es la mente quien crea el futuro. Cuando en nuestro presente hay algo indeseable, debemos recurrir a la mente para que cambie la situación. Y podemos empezar a cambiar ya, en este mismo segundo.

Mi deseo más profundo es que algún día el tema de cómo funcionan los pensamientos sea lo primero que se enseñe en la escuela. Jamás he entendido qué importancia tiene hacer que los niños memoricen las fechas de una serie de batallas. Me parece un total desperdicio de energía mental. En cambio, podríamos enseñarles cosas realmente importantes: cómo funciona la mente, cómo invertir dinero para tener seguridad financiera, cómo ser padre o madre, cómo tener buenas relaciones y cómo crear y mantener sentimientos de autoestima y de apreciación de uno mismo.

¿Se imagina cómo sería una generación de adultos a quienes en la escuela, además del plan de estudios normal, se les hubieran enseñado estos temas? Piense cómo se manifestarían esas verdades. Serían seres humanos felices, que se sentirían en paz consigo mismos, no tendrían dificultades financieras y enriquecerían la economía con inversiones prudentes de su dinero, personas que tendrían buenas relaciones con todo el mundo, que se sentirían cómodas en el papel de padres y crearían otra generación de seres humanos que se sientan bien consigo mismos. Y, dentro de todo esto, cada persona seguiría siendo un individuo y expresando su propia creatividad.

No hay tiempo que perder. Continuemos con nuestro trabajo.

En la infinitud de la vida, donde estoy,
todo es perfecto, completo y entero.
Ya no escojo creer en las viejas limitaciones y carencias.
Ahora opto por empezar a verme como el Universo me ve,
perfecto, completo y entero.
La verdad de mi Ser es que fui creado
perfecto, completo y entero.
Ahora soy perfecto, completo y entero,
y seré siempre perfecto, completo y entero.
Ahora elijo vivir mi vida en función de esto que entiendo.
Estoy en el lugar y en el momento adecuados, haciendo
aquello que me corresponde hacer.
Todo está bien en mi mundo.

Capítulo 5
Y AHORA, ¿QUE HACEMOS?

«Al ver el modelo que sigo, decido cambiarlo.»

La decisión de cambiar

Una vez han llegado a este punto, la reacción de muchas personas consiste en levantar las manos al cielo, horrorizadas ante lo que podemos llamar el desastre de sus vidas, y renunciar a cualquier intento de hacer nada. Otras se enfadan consigo mismas o con la vida, y también abandonan la partida. En general, piensan que si la situación es desesperada, y parece imposible hacer cambios, ¿para qué intentarlo? Y el razonamiento continúa así: «Quédate como estás. Por lo menos es un sufrimiento que ya sabes cómo manejar. No te gusta, pero ya lo conoces, y es de esperar que las cosas no empeoren.»

Para mí, el enfado habitual es como quedarse sentado en un rincón con un sombrero de burro. ¿No les suena familiar? Sucede algo y uno se enfada; sucede otra cosa, y vuelve a enfadarse, una y otra vez, pero nunca se va más allá del enojo.

¿De qué sirve esto? Es una reacción tonta que desperdicie uno su tiempo sin hacer nada más que enojarse. También es negarse a ver la vida de una manera nueva y diferente.

Sería mucho más útil preguntarse cómo es que uno va creando tantas situaciones enojosas.

¿Cuál cree usted que es la causa de todas estas frustraciones? ¿Qué es lo que usted emite, que genera en los otros la necesidad de irritarlo? ¿Por qué cree que necesita enojarse para conseguir lo que quiere? Cualquier cosa que demos, la volvemos a recibir. Si lo que damos es enojo, estamos creando situaciones que nos darán motivos de enojo, como si nos quedáramos en un rincón con un sombrero de burro, sin ir a ninguna parte.

Si mis palabras han hecho que usted se enfadara, ¡perfecto! Es que deben estar dando en el blanco. Y eso es algo que usted, si quisiera, podría cambiar.

Tome la decisión de disponerse a cambiar

Si realmente quiere saber hasta qué punto es terco, encare la idea de estar *dispuesto a cambiar*. Todos queremos que nuestra vida cambie, que nuestra situación mejore, pero no queremos tener que cambiar. Más bien querríamos que cambiaran *ellos*. Para hacer que eso suceda, *debemos cambiar nosotros interiormente*. Debemos cambiar nuestra manera de pensar, nuestra manera de hablar, nuestra manera de expresarnos. Sólo entonces se producirán los cambios externos.

Este es el paso siguiente. Ya nos hemos dedicado bastante a aclarar cuáles son los problemas y de dónde provienen. Ahora es hora de *disponerse a cambiar*.

Yo he sido siempre muy terca. Incluso ahora hay veces que, cuando decido hacer algún cambio en mi vida, esa terquedad aflora y refuerza mi resistencia a cambiar *mi* modo de pensar. Y puedo volverme temporalmente incoherente y, enfadada, refugiarme en mí misma.

Sí, eso me sigue pasando después de tantos años de trabajo. Es una de las lecciones que he aprendido, porque ahora, cuando me sucede, sé que me encuentro ante un punto crucial en mi camino. Cada vez que decido hacer un cambio en mi vida, para liberar alguna otra cosa, tengo que profundizar más en mí misma. Cada uno de esos viejos estratos debe ceder para ser reemplazado por maneras de pensar nuevas. A veces es fácil, y otras es como empeñarse en levantar una piedra con una pluma.

Cuanto más tenazmente me aferro a una vieja creencia

cuando he dicho que quiero cambiar, más segura estoy de que ese cambio es importante para mí. Y sólo al ir experimentando y, por tanto, aprendiendo estas cosas puedo luego enseñarlas a otras personas.

Estoy segura de que muchos maestros realmente buenos no nacieron en hogares felices donde todo era fácil, sino que han experimentado mucho dolor y sufrimiento, y han ido superando diversas vivencias negativas hasta llegar al punto desde donde, ahora, pueden ayudar a que otros se liberen. La mayoría de los buenos maestros trabajan continuamente para seguir liberándose, para hacer desaparecer limitaciones cada vez más profundas. Y eso llega a ser una ocupación de toda la vida.

La diferencia principal entre cómo solía trabajar yo en esta labor de liberación de creencias y la forma en que lo hago hoy reside en que ahora ya no tengo que enojarme conmigo misma para hacerlo. En estos momentos, ya no creo que sea una mala persona porque todavía encuentre en mí cosas para cambiar.

La limpieza de la casa

El trabajo mental que hago ahora es como limpiar una casa. Voy recorriendo mis habitaciones mentales y examinando las ideas y creencias que hay en ellas. Como algunas me gustan, las limpio y las pulo, y hago que me sigan sirviendo. Veo que hay que reemplazar o reparar algunas, y me ocupo de ellas tan pronto como puedo. Otras son como el periódico de ayer, o como ropa y revistas viejas: ya no me sirven. Entonces las doy o las tiro a la basura, y me deshago de ellas para siempre.

Para hacer todo esto, no es necesario que me enoje ni que sienta que soy una mala persona.

Ejercicio: Estoy dispuesto a cambiar

Vamos a usar la afirmación «Estoy dispuesto a cambiar.» Repítala con frecuencia, reiteradamente. Mientras dice «Estoy dispuesto a cambiar», tó-

quese la garganta. En el cuerpo, la garganta es el
centro energético donde se produce el cambio. Al
tocársela, usted reconocerá que se encuentra en un
proceso de cambio.

Cuando la necesidad de cambiar algo aparezca
en su vida, esté dispuesto a permitir que ese cambio suceda. Tome conciencia de que allí donde
usted *no quiere cambiar,* es, exactamente, donde
más *necesita* cambiar. Repita: «Estoy dispuesto a
cambiar.»

La Inteligencia Universal responde siempre a lo
que usted piensa y dice. Cuando usted formule este
enunciado, las cosas empezarán decididamente a
cambiar.

Hay muchas maneras de cambiar

Trabajar con mis ideas no es la única manera de cambiar;
hay muchos otros métodos que funcionan muy bien. Al final
del libro incluyo una lista de maneras en que puede usted
abordar su propio proceso de crecimiento.

Piense ahora en unos pocos. Tenemos el enfoque espiritual, el mental y el físico. La curación holista incluye cuerpo,
mente y espíritu. Se puede empezar por cualquiera de estos
dominios, siempre y cuando en última instancia se los in-
cluya a todos. Hay quien empieza por la parte mental,
acudiendo a seminarios o sometiéndose a terapia. Otros
comienzan por el ámbito espiritual, orando o haciendo
meditación.

Cuando decide uno *limpiar su casa,* en realidad no importa por qué habitación empiece. Puede usted hacerlo por
aquella que más le apetezca y las otras casi se irán limpiando
solas.

Las personas que comienzan por el nivel espiritual y están
habituadas a comer mal, suelen encontrarse con que les atrae
la nutrición. Conocen a alguna persona, o encuentran un
libro, o van a una clase que les hace entender que lo que
están dando de comer a su cuerpo puede tener mucho que

ver con la forma en que se sienten y el aspecto que tienen. Mientras se esté dispuesto a crecer y a cambiar, un nivel siempre irá conduciendo al otro.

Yo doy muy pocos consejos referentes a la nutrición, porque he descubierto que todos los sistemas funcionan para alguna u otra persona. El hecho es que cuento con una red local de buenos especialistas en el campo holista, y les mando a mis clientes cuando veo que necesitan esa información. Se trata de un terreno en donde uno debe encontrar solo su camino, o bien recurrir a un especialista que pueda orientarlo.

Muchos libros sobre nutrición han sido escritos por personas que estuvieron muy enfermas y elaboraron un sistema para su propia curación. Después escribieron un libro para divulgar el método que usaron. Pero no todo el mundo es igual.

Por ejemplo, la dieta macrobiótica y el naturismo crudívoro son dos enfoques totalmente diferentes. Los crudívoros jamás cocinan nada, raras veces consumen cereales, se cuidan muchísimo de comer fruta y verdura en la misma comida y nunca usan sal. Los macrobióticos comen casi todo cocido, tienen un sistema diferente de combinación de los alimentos, y usan gran cantidad de sal. Ambos sistemas funcionan, ambos han conseguido curaciones, pero ninguno de los dos es bueno para todos los organismos.

Mi teoría personal de la nutrición es simple. Si crece, cómalo. Si no crece, no lo coma.

Hay que ser consciente del acto de comer; es como prestar atención a nuestros pensamientos. También podemos aprender a prestar atención al cuerpo y a las señales que nos envía cuando comemos.

Limpiar la casa mental después de toda una vida de complacerse en pensamientos negativos es un poco como iniciar un programa de buena nutrición tras haberse pasado la vida alimentándose mal. Son dos situaciones que con frecuencia producen crisis de curación. A medida que uno empieza a cambiar su dieta física, el cuerpo comienza a deshacerse de la acumulación de residuos tóxicos, y cuando esto sucede, uno puede sentirse pésimamente durante un par de días. Así también, cuando se decide cambiar las pautas mentales, puede parecer que durante un tiempo las circunstancias empeorasen.

Recuerde lo que pasa al terminar la cena de Nochebuena, cuando llega el momento de limpiar la cazuela donde se cocinó el pavo. Como está toda quemada y llena de costras, usted la pone en agua hirviendo con detergente y la deja remojar un rato antes de empezar a fregarla. Y entonces sí que *realmente* está frente a un desastre; todo parece peor que nunca. Pero si sigue fregando sin desanimarse, la cazuela pronto quedará como nueva.

Lo mismo pasa cuando uno se quiere quitar las incrustaciones mentales. Cuando las remojamos con ideas nuevas, todos los pegotes salen a la superficie y se ven más. Insista en repetir las nuevas afirmaciones, y verá qué pronto se habrá librado totalmente de una vieja limitación.

Ejercicio: La disposición a cambiar

Entonces, hemos decidido que estamos dispuestos a cambiar, y que usaremos todos los métodos que nos den buen resultado, sin excepción. Quisiera describirles uno de los métodos que uso conmigo misma y también con otras personas.

Primero, vaya a mirarse al espejo y dígase: «Estoy dispuesto a cambiar.»

Observe cómo se siente. Si advierte vacilaciones o resistencias o ve que simplemente no quiere cambiar, pregúntese por qué. ¿A qué antigua creencia está aferrándose? Le ruego que no se riña; limítese a observar de qué se trata. Apuesto a que esa creencia le ha causado mil problemas, y quisiera saber de dónde proviene. ¿Usted no lo sabe?

Pero no importa que sepamos o no de dónde viene; hagamos algo por disolverla, ahora mismo. Vuelva otra vez al espejo y, mirándose profundamente a los ojos, tóquese la garganta y diga diez veces, en voz alta: «Estoy dispuesto a abandonar toda resistencia.»

Los trabajos con el espejo son muy poderosos. La mayor parte de los mensajes negativos que recibimos de niños venían de personas que nos miraban directamente a los ojos, y que quizá nos amenazaban con un dedo. Hoy, cada vez que nos miramos al espejo, casi todos nos decimos algo negativo: nos criticamos por nuestra apariencia o nos regañamos por algo. Mirarse directamente a los ojos y expresar algo positivo sobre uno mismo es, en mi opinión, la manera más rápida de obtener resultados con las afirmaciones.

En la infinitud de la vida, donde estoy,
todo es perfecto, completo y entero.
Ahora, serena y objetivamente, decido revisar
mis viejas pautas y me dispongo a hacer cambios.
Puedo aprender y estoy en disposición de hacerlo.
Opto por pasármelo bien con esta tarea.
He decidido que reaccionaré como si hubiera encontrado
un tesoro cuando vea que puedo liberarme de algo más.
Momento a momento, me veo y me siento cambiar.
Las ideas ya no tienen poder alguno sobre mí.
En mi mundo, yo soy el poder. Y yo escojo ser libre.
Todo está bien en mi mundo.

Capítulo 6
LA RESISTENCIA AL CAMBIO

«Me muevo con el ritmo y el fluir de la vida, siempre
cambiante.»

La conciencia es el primer paso hacia la curación
o el cambio

Cuando llevamos algún modelo mental profundamente sepultado en nuestro interior, para poder curarnos debemos
empezar por tomar conciencia de ello. Quizás hablemos al
respecto con alguien, o veamos aparecer el mismo modelo
mental en otras personas. De una manera o de otra, emerge a
la superficie, nos llama la atención y empezamos a tener alguna relación con ello. Con frecuencia, atraemos hacia nosotros a un maestro, un amigo, una clase, un seminario o un
libro que comienza a sugerirnos maneras nuevas de abordar
la disolución del problema.

Mi propio despertar se inició con un comentario casual de
un amigo sobre una reunión de la que le habían hablado, y
aunque él no iba a ir, yo sentí no sé qué respuesta interior y
fui. Aquella pequeña reunión fue mi primer paso por la
senda de mi evolución. Hasta cierto tiempo después no me
di cuenta de su importancia.

Con frecuencia, en esta primera etapa nuestra reacción es
pensar que todo eso es una tontería, o que no tiene sentido.
Puede ser que nos parezca demasiado fácil, o inaceptable
para nuestras ideas. El hecho es que no queremos hacerlo, y

nuestra resistencia cobra muchísima fuerza. Hasta es posible que nos enfademos sólo con pensar en hacer «eso». Una reacción así es excelente, si podemos entender que es el primer paso en nuestro proceso de curación.

Yo le digo a la gente que cualquier reacción que puedan tener sirve para demostrarles que han iniciado ya el proceso curativo. La verdad es que el proceso se inicia en el momento en que empezamos a pensar en cambiar.

La impaciencia no es más que otra forma de resistencia: es la resistencia a aprender y a cambiar. Cuando exigimos que todo se haga ahora mismo, que se complete de inmediato, no nos estamos dando el tiempo necesario para aprender la lección implícita en el problema que nos hemos creado. Si usted quiere ir a la habitación de al lado, tiene que levantarse y avanzar paso a paso en esa dirección. Con quedarse sentado deseando estar en la otra habitación no se arregla nada. Pues es lo mismo. Todos queremos terminar con nuestros problemas, pero no queremos hacer las pequeñas cosas que, sumadas, nos darán la solución.

Ahora es el momento de reconocer nuestra responsabilidad por haber creado esa situación o ese estado. No estoy hablando de sentirse culpable, ni de que nadie sea una «mala persona» por estar donde está. A lo que me refiero es a reconocer ese «poder interior» que transforma en experiencia cada uno de nuestros pensamientos. En el pasado, sin saberlo, usamos ese poder para crear cosas que no queríamos experimentar, porque no nos dábamos cuenta de lo que hacíamos. Ahora, al reconocer nuestra responsabilidad, *tomamos conciencia* de este poder, y aprendemos a usarlo conscientemente de manera positiva y en beneficio nuestro.

Con frecuencia, cuando sugiero una solución a un cliente –puede ser una manera nueva de abordar un asunto, o bien perdonar a una persona relacionada con él– veo cómo empieza a contraer y adelantar la mandíbula, y cómo cruza tensamente los brazos sobre el pecho, a veces incluso cerrando los puños. La resistencia está subiendo a escena, y entonces sé que he acertado exactamente con lo que es necesario hacer.

Todos tenemos lecciones por aprender. Las cosas que nos resultan difíciles no son más que las lecciones que hemos decidido tomar. Si las cosas nos resultan fáciles, es porque ya las sabemos hacer.

Las lecciones se pueden aprender mediante el hecho de darse cuenta

Si piensa en lo que le resulta más difícil hacer, y en cuánto se resiste a hacerlo, está enfrentándose con lo que en este momento es para usted la lección más importante. Entregarse, abandonar la resistencia y permitirse aprender lo que necesita aprender, le facilitará más aún el paso siguiente. No deje que su resistencia le impida cambiar. Podemos trabajar en dos niveles: 1) Atendiendo a la resistencia, y 2) Realizando pese a todo los cambios mentales necesarios. Obsérvese, observe su resistencia, y luego, de todas maneras, siga adelante.

Las claves no verbales

Con frecuencia nuestras acciones revelan nuestra resistencia. Por ejemplo:

Cambiar de tema.
Irse de la habitación.
Ir al lavabo.
Llegar tarde.
Descomposición de estómago.

Aplazar la decisión, ya sea:

Haciendo otra cosa.
Trabajando.
Perdiendo el tiempo.
Apartar la vista o mirar por la ventana.
Hojear una revista.
Negarse a atender.
Comer, beber o fumar.
Entablar o romper una relación.

Estropear algo: el coche, un electrodoméstico, un
grifo, lo que sea.

Las suposiciones

Con frecuencia suponemos cosas que nos ayudan a justificar nuestra resistencia, diciendo, por ejemplo:

De todas maneras no serviría de nada.
Mi marido (o mi mujer) no lo entendería.
Tendría que cambiar toda mi personalidad.
Sólo los chiflados van a ver a un terapeuta.
No podrían hacer nada con mi problema.
No podrían manejar mi agresividad.
Mi caso es diferente.
No quiero que se preocupen.
Ya se resolverá solo.
Eso nadie lo hace.

Las creencias

Crecemos con creencias que alimentan nuestra resistencia
al cambio. Algunas de las ideas que nos limitan son:

No se hace.
No está bien.
No está bien que yo haga eso.
Eso no sería espiritual.
Si uno está en el camino espiritual, no se enfada.
Los hombres (o las mujeres) no hacen eso.
En mi familia no se hace.
El amor no es para mí.
Eso no es más que una tontería.
Es demasiado lejos para ir con el coche.
Representa demasiado trabajo.
Es demasiado caro.
Llevará demasiado tiempo.
No creo en esas cosas.
No soy esa clase de persona.

Ellos

Cedemos nuestro poder a otros y los ponemos como excusa de nuestra resistencia al cambio. Entonces, pensamos y decimos cosas como éstas:

Dios no lo permitirá.
Estoy esperando a tener una buena configuración
   planetaria.
El ambiente no es adecuado.
No me dejarán cambiar.
No tengo el maestro (o el libro o las herramientas...)
   que necesito.
El médico no me lo permite.
Mi trabajo no me deja tiempo.
No quiero caer bajo su influencia.
Es todo culpa de...
El (o ella) tiene que cambiar primero.
Lo haré tan pronto como consiga...
Ellos no me entienden.
No quiero que se ofendan.
Mi religión (o mi educación o mi filosofía...)
   no me lo permite.

Los conceptos sobre uno mismo

Usamos como condiciones limitativas o como resistencia al cambio las ideas que tenemos sobre nosotros mismos. Solemos decir que somos:

Demasiado viejos.
Demasiado jóvenes.
Demasiado gordos.
Demasiado delgados.
Demasiado altos.
Demasiado bajos.
Demasiado haraganes.
Demasiado fuertes.

Demasiado débiles.
Demasiado tontos.
Demasiado listos.
Demasiado pobres.
Demasiado insignificantes.
Demasiado frívolos.
Demasiado serios.
Demasiado engreídos.
Quizá todo esto sea demasiado.

Las tácticas dilatorias

Nuestra resistencia a cambiar se expresa a menudo de esta manera. Usamos excusas como:

Lo haré más tarde.
Ahora no puedo.
Ahora no tengo tiempo.
Robaría demasiado tiempo a mi trabajo.
Sí que es una buena idea. Alguna vez lo haré.
Tengo demasiadas cosas que hacer.
Me lo pensaré mañana.
Lo haré tan pronto como termine con...
Lo haré cuando vuelva del viaje.
No es el mejor momento.
Es demasiado tarde, o demasiado pronto.

La negación

Esta forma de resistencia se manifiesta negando la necesidad de hacer ningún cambio, con expresiones como:

Si a mí no me pasa nada.
Es un problema que no puedo remediar.
La vez pasada estaba bien.
¿Y de.qué me serviría cambiar?
Tal vez el problema desaparezca si no le hago caso.

El miedo

La categoría más amplia de la resistencia al cambio es, con mucho, el miedo... el miedo a lo desconocido. Fíjense en estos ejemplos:

Todavía no estoy listo.
¿Y si fracasara?
Tal vez me rechacen.
¿Qué pensarían los vecinos?
No quiero destapar esa olla.
Me da miedo decírselo a mi marido (o a mi mujer).
No sé lo suficiente.
Podría hacerme daño.
Para eso tendría que cambiar.
Me costaría dinero.
Antes que eso me muero (o me divorcio).
No quiero que nadie sepa que tengo un problema.
Me da miedo expresar mis sentimientos.
No quiero hablar de eso.
No tengo energía suficiente.
Quién sabe adónde iríamos a parar.
Puedo perder libertad.
Es demasiado difícil de hacer.
En este momento no tengo dinero.
Podría hacerme daño en la espalda.
Yo no quiero ser perfecto.
Podría perder amigos.
Yo no confío en nadie.
Así dañaría mi imagen.
No sirvo para nada.

Y podríamos continuar con la lista indefinidamente. ¿Reconoce *usted* como suyo alguno de estos enunciados? Ahora, fíjese en la resistencia al cambio que aparece en estos ejemplos.

Una clienta vino a verme porque sufría fuertes dolores. Se había roto la espalda, el cuello y una rodilla en sendos accidentes de automóvil. Llegó tarde, porque se perdió y luego se encontró con un atasco de tráfico.

No tuvo ninguna dificultad para contarme todas sus dificultades, pero tan pronto como intenté hablar un momento, empezaron los problemas. Las lentes de contacto empezaron a molestarle, se le ocurrió cambiarse de asiento, tuvo que ir al lavabo, necesitó quitarse las lentillas... Durante el resto de la sesión no conseguí que me atendiera.

Todo eso eran resistencias: no estaba preparada para dejarse curar. Descubrí que tanto su hermana como su madre también se habían roto en dos oportunidades la espalda.

Otro cliente era un actor, mimo y saltimbanqui callejero, y excelente por lo demás. Se jactaba de lo listo que era para engañar a otros, en especial a las instituciones. El sabía cómo salir bien de todo, y, sin embargo, nunca salía bien de nada. Estaba siempre sin un duro, atrasado por lo menos un mes en el alquiler, muchas veces sin teléfono. Su ropa daba lástima, trabajaba muy esporádicamente, tenía dolores por todas partes y su vida amorosa era un desastre.

Su teoría era que no podía abandonar su actitud mientras no le sucediera algo bueno en la vida. Naturalmente, con lo que él daba, nada bueno podía sucederle. Primero tenía que dejar de engañar.

Su resistencia se debía a que no estaba preparado para renunciar a su antigua manera de ser.

Deje en paz a sus amigos

A menudo sucede que, en vez de ocuparnos de nuestros propios cambios, decidimos que son nuestros amigos quienes tienen que cambiar. Esto también es resistencia al cambio.

Cuando empecé a trabajar tuve una clienta que me enviaba a ver a todas sus amigas que estaban en el hospital. En vez de mandarles flores, me hacía ir a mí a remediar sus problemas. Yo llegaba, provista de mi grabador, y casi siempre me encontraba con alguien que estaba en cama y no sabía por qué aparecía yo por allí, ni entendía lo que estaba haciendo. Eso fue antes de que aprendiera a no trabajar nunca con nadie que no me lo hubiera pedido. Hay clientes que vienen a verme porque un amigo les ha pagado una sesión de regalo. Generalmente, esto no funciona, y es raro que regresen para seguir trabajando. Cuando algo nos ha dado buen resultado, es normal que queramos compartirlo. Pero es probable que los demás no estén listos para cambiar en ese momento y esa circunstancia precisos. Ya bastante difícil es cambiar cuando queremos hacerlo, pero intentar que otra persona cambie cuando no quiere es imposible, y puede arruinar una buena amistad. Yo empujo a mis clientes porque ellos me han buscado, pero dejo en paz a mis amigos.

Trabaje con el espejo

Los espejos nos devuelven la imagen de lo que sentimos por nosotros mismos, mostrándonos claramente qué es lo que hemos de cambiar si queremos tener una vida gratificante y jubilosa.

Yo pido a mis clientes que cada vez que pasen por delante de un espejo se miren a los ojos y se digan algo positivo sobre sí mismos. Esta es la manera más poderosa de hacer afirmaciones: mirarse en el espejo y decirlas en voz alta. Inmediatamente uno se da cuenta de la resistencia, y así puede superarla con más rapidez. Será bueno que tenga usted un espejo a mano mientras lee este libro; úselo con frecuencia para las afirmaciones, y para verificar cuándo se resiste, o cuándo tiene una actitud suelta y de apertura.

Ahora, mírese en el espejo y dígase: «Estoy dispuesto a cambiar.»

¿Cómo se siente? Si vacila, se resiste o simplemente no quiere cambiar, pregúntese por qué. ¿A qué antigua creencia está aferrándose? Este no es momento de reñirse. Limítese a notar qué es lo que le pasa, y qué creencia aflora a la superficie, porque se trata de lo que ha estado causándole tantos problemas. ¿Puede reconocer de dónde proviene?

Cuando al pronunciar las afirmaciones nos suenan a falsas o parece que no sucediera nada, es muy fácil decir que no funcionan. Pero no es que no funcionen, sino que necesitamos dar un paso previo antes de empezar con ellas.

Las pautas repetidas nos muestran nuestras necesidades

Por cada hábito que tenemos, por cada experiencia que reiteramos en diversas ocasiones, por cada pauta que repetimos, hay *dentro de nosotros una necesidad* que corresponde a alguna creencia. Si no hubiera una necesidad, no haríamos o no seríamos eso. Dentro de nosotros hay algo que necesita ser gordo, tener malas relaciones, fracasar, fumar, enfadarse, ser pobre, sentirse humillado o lo que fuere que sea nuestro problema. ¿Cuántas veces hemos dicho que jamás volveremos a hacer eso? Y antes de que termine el día nos hemos atiborrado de chocolate, nos hemos fumado un paquete de cigarrillos, hemos dicho algo hiriente a un ser querido... Y encima complicamos el problema enfadándonos con nosotros mismos: «No tienes fuerza de voluntad ni disciplina. ¡Qué debilidad de carácter!» Expresiones así no hacen más que aumentar nuestro ya pesado cargamento de culpa.

Eso no tiene nada que ver con la disciplina ni con la fuerza de voluntad

No importa de qué estemos tratando de liberarnos: no es más que un síntoma, un efecto exterior. Empeñarse en eliminar el síntoma sin ningún intento de disolver la causa, de nada sirve; en el momento en que la fuerza de voluntad o la disciplina aflojan, el síntoma vuelve a aparecer.

La disposición a renunciar a la necesidad

–En usted tiene que haber una necesidad de este síntoma –les digo a mis clientes–, porque si no, no lo tendría. Vamos a retroceder un paso para trabajar con su *disposición a renunciar a la necesidad.* Cuando ésta haya desaparecido, usted ya no tendrá deseos de fumar o de comer en exceso o de llevar a cabo cualquier otra pauta negativa.

Una de las primeras afirmaciones que uso es: «Estoy dispuesto a renunciar a mi *necesidad* de resistencia (o de dolor de cabeza, estreñimiento, kilos de más, escasez de dinero o lo que sea).» Diga: «Estoy dispuesto a renunciar a mi necesidad de...» Si en este punto encuentra resistencia, entonces sus otras afirmaciones no pueden funcionar.

Es menester desenmarañar las telarañas en que nos envolvemos. Si alguna vez ha tenido que desenredar un ovillo de hilo, sabe que tironeando para un lado y para otro sólo se consigue empeorar las cosas. Es necesario ir deshaciendo los nudos con mucha suavidad y paciencia. Sea suave y paciente *consigo mismo* para desenredar sus propios nudos mentales. Busque ayuda si la necesita, pero, sobre todo, cultive el amor a sí mismo mientras lo hace. La *disposición* a liberarse de lo viejo es la clave; ahí está el secreto.

Cuando hablo de «necesitar el problema», me refiero a que, de acuerdo con nuestro personal conjunto de modelos mentales, «necesitamos» tener ciertas experiencias u obtener ciertos efectos externos. Cada efecto externo es la expresión natural de un modelo mental interno. Combatir solamente el efecto o el síntoma es un desperdicio de energía, que a menudo no hace más que agravar el problema.

Sentirse «indigno» provoca indecisión

Si uno de mis modelos mentales me señala que soy «indigno», es probable que uno de los efectos que obtenga sea la indecisión. Después de todo, la indecisión es una manera de impedirnos llegar a donde decimos que queremos ir. La mayoría de la gente que posterga sus decisiones se pasa mucho tiempo y desperdicia mucha energía reprochándose su indecisión. Se tachan a sí mismos de ociosos y, en general, se empeñan en sentir que son seres «malos».

El resentimiento por el bien ajeno

Tuve un cliente a quien le encantaba que estuvieran pendientes de él, y generalmente llegaba tarde a clase para lla-.

mar la atención. Había sido el menor de dieciocho hijos, y cuando se trataba de recibir era el último de la lista. De niño, estaba siempre mirando cómo sus hermanos recibían lo que fuere mientras él esperaba ansiosamente su turno, y ya adulto, cuando a alguien le iba bien, no era capaz de compartir su regocijo.

–Oh, ojalá yo pudiera tener (o hacer) lo mismo –decía en cambio.

Su resentimiento por el bien ajeno era una barrera para su crecimiento y su posibilidad de cambio.

El sentimiento del propio valor abre muchas puertas

Vino a verme una clienta de setenta y nueve años, que enseñaba canto. Varios alumnos suyos estaban haciendo anuncios para la televisión. Ella también quería hacerlos, pero le daba miedo. La apoyé sin la menor reserva, explicándole:

–No hay nadie como usted. Limítese a ser usted misma. Hágalo como diversión. En el mundo hay gente que busca exactamente lo que usted puede ofrecer. Hágales saber de su existencia.

La mujer llamó a varias agencias, diciendo:

–Soy una persona muy mayor, y quiero hacer anuncios.

Poco tardó en aparecer en un anuncio, y desde entonces nunca le ha faltado trabajo. Con frecuencia veo su imagen en la televisión y en revistas. Cualquier edad es buena para empezar una carrera, especialmente cuando se hace por diversión.

Con la autocrítica nunca se da en el blanco

Autocriticarse es algo que sólo sirve para intensificar la indecisión y la holgazanería. La orientación que hay que dar a la energía mental es la de liberarse de lo viejo y crear modelos mentales nuevos. Dígase: «*Estoy dispuesto a renunciar a la necesidad de no ser digno. Soy digno de lo mejor que hay en la vida, y con amor me permito aceptarlo.*» «*A medida que pase unos días repitiendo esta afirmación, el efecto externo que es la indecisión empezará automáticamente a desaparecer.» «A medida que me cree interiormente un modelo que reconozca mi propio valor, ya no tendré necesidad de negar mis buenas condiciones.»*

Puede aplicar esta misma actitud a cualquier otra pauta negativa (con su correspondiente efecto externo) que haya en su vida. Dejemos de perder tiempo y energía reprendiéndonos por algo que no podemos dejar de hacer si íntimamente tenemos ciertas creencias. *Cambiemos esas creencias.*

No importa de qué manera lo aborde usted, ni cuál sea el tema de que estamos hablando: tratamos sólo con ideas, y las ideas se pueden cambiar.

Si queremos cambiar algo, es necesario que lo digamos: «Estoy dispuesto a renunciar al modelo mental interno que está provocando esto.»

Puede decírselo y repetírselo una y otra vez, siempre que se acuerde de su enfermedad o su problema. En el momento en que lo dice, está saliendo del grupo de las víctimas y dejando de ser impotente, porque está reconociendo su propio poder. Está diciendo que comienza a entender que fue usted quien creó aquello, y que va a recuperar su propio poder al renunciar a aquella antigua idea y separarse de ella.

La autocrítica

Tengo una clienta que es capaz de comerse medio kilo de mantequilla y cualquier otra cosa de la que pueda echar mano cuando no puede aguantar sus propios pensamientos negativos. Al día siguiente está furiosa con su cuerpo, porque es gordo. De pequeña, daba la vuelta a la mesa, cuando la familia había acabado de cenar, terminándose lo que quedaba en cada plato, acompañándolo con mantequilla. Sus padres se reían: aquello les parecía muy divertido. Casi se puede decir que era la única aprobación que mi clienta recibía de su familia.

Cuando usted se regaña, cuando se humilla, cuando «se da la paliza» a sí mismo, pregúntese a quién está tratando de esa manera.

Casi toda nuestra programación, tanto negativa como positiva, es algo que aceptamos en la época en que teníamos tres años. A partir de entonces, nuestras experiencias se basan en lo que en aquel momento aceptábamos y creíamos de nosotros mismos y de la vida. La forma en que nos trataban cuando éramos muy pequeños es habitualmente la forma en que ahora nos tratamos. La persona a quien usted está riñendo es un niño de tres años que lleva dentro.

Si es usted una de esas personas que se encolerizan consigo mismas porque son temerosas y pusilánimes, piense que tiene tres años. Si tuviera delante a un niño de tres años que tuviera miedo, ¿qué haría? ¿Se enfadaría con él, o le tendería los brazos y lo consolaría hasta que se sintiera cómodo y seguro? Quizá los adultos que lo rodeaban cuando usted era pequeño no hayan sabido cómo consolarlo entonces. Ahora *usted* es el adulto en su vida, y si no sabe consolar a la criatura que lleva dentro, realmente es algo muy triste.

Lo que se hizo en el pasado está hecho; lo pasado, pasado. Pero este momento es el presente, y ahora usted tiene la oportunidad de tratarse como desea que lo traten. Un niño asustado necesita que lo consuelen, no que lo reprendan. Si usted se reprende, se asustará más, y no encontrará a quién volverse. Cuando el niño de dentro se siente inseguro, crea muchísimos problemas. ¿Recuerda cómo se sentía cuando lo humillaban de pequeño? Pues de la misma manera se siente ahora ese niño que lleva dentro.

Sea bondadoso consigo mismo. Empiece a amarse y a demostrarse aprobación. Es lo que necesita esa criatura para expresar al máximo sus potencialidades.

En la infinitud de la vida, donde estoy,
todo es perfecto, completo y entero.
Todas las resistencias que llevo dentro de mí,
las veo sólo como algo a lo que he de renunciar.
No tienen poder sobre mí, porque el poder en mi mundo
soy yo.
Como mejor puedo, me adapto a los cambios
que se producen en mi vida.
Me apruebo y apruebo la forma en que estoy cambiando.
Estoy haciendo todo lo que puedo, y cada día es más fácil.
Con júbilo sigo el ritmo y la fluencia eternos
de los cambios en mi vida.
Hoy es un día maravilloso,
porque yo decido hacerlo así.
Todo está bien en mi mundo.

Capítulo 7

COMO CAMBIAR

«Con júbilo y soltura atravieso puentes.»

Me encantan las explicaciones prácticas. Todas las teorías del mundo son inútiles a menos que sepamos cómo aplicarlas para cambiar. Yo siempre he sido una persona muy pragmática, con una gran necesidad de saber cómo se hacen las cosas.

Los principios con que vamos a trabajar ahora son:

Alimentar la disposición a renunciar.
Controlar la mente.
Aprender hasta qué punto nos liberamos perdonando y perdonándonos.

Renunciar a la necesidad

Cuando intentamos renunciar a un modelo mental, parece como si toda la situación empeorase durante un tiempo. No es malo que así sea: es un signo de que la situación empieza a movilizarse. Nuestras afirmaciones funcionan, y es necesario seguir adelante.

Ejemplos

Estamos trabajando para aumentar nuestra prosperidad, y perdemos la billetera.

Estamos trabajando para mejorar nuestras relaciones y tenemos una pelea.

Estamos trabajando para mejorar la salud y atrapamos un resfriado.

Estamos trabajando en la expresión de nuestros talentos y capacidades de creación, y nos despiden.

A veces el problema toma una dirección diferente, y empezamos a ver y a entender más. Supongamos, por ejemplo, que usted está tratando de dejar de fumar y diciéndose: «Estoy dispuesto a renunciar a la "necesidad" de cigarrillos.» A medida que insiste en su propósito, advierte que se siente más incómodo en sus relaciones.

No se desespere: esto es un signo de que el proceso funciona.

Podría hacerse una serie de preguntas en este estilo: «¿Estoy dispuesto a renunciar a relaciones que me incomodan? Los cigarrillos, ¿no estarían actuando como una cortina de humo que me impedía ver lo incómodo que me encuentro en esas relaciones? ¿Por qué me estoy creando esta clase de relaciones?»

Así observa que los cigarrillos no son más que un síntoma, no una causa. Ahora usted empieza a tener una penetración y un entendimiento de la situación que podrán liberarlo, y empieza a decirse que está dispuesto a renunciar a la «necesidad» de relaciones incómodas.

Entonces advierte que la razón de que se sienta tan incómodo es que le da la impresión de que los demás siempre lo critican.

Como usted ya sabe que cada cual es el creador de sus propias experiencias, ahora empieza a decirse: «Estoy dispuesto a renunciar a la necesidad de que me critiquen.»

Piensa en las críticas y se da cuenta de que, de pequeño, recibió muchísimas, y de que el niño que lleva dentro sólo se siente «a gusto» cuando lo critican. Su manera de ocultárselo a usted mismo había sido echar una «cortina de humo».

Quizá sienta que el paso siguiente es decirse: «Estoy dispuesto a perdonar a...»

A medida que siga haciendo sus afirmaciones, es probable que descubra que los cigarrillos ya no le interesan, y que la gente que conoce ya no lo critica. Entonces *sabrá* que ha renunciado a su necesidad, que se ha liberado de ella.

Este tipo de trabajo requiere generalmente cierto tiempo. Si persiste con paciencia y está dispuesto a concederse todos los días unos momentos de tranquilidad para reflexionar sobre su proceso de cambio, irá obteniendo las respuestas. La Inteligencia que hay dentro de usted es la misma que creó todo el planeta. Confíe en su Guía Interior, que le revelará todo lo que necesite saber.

Ejercicio: Renunciar a la necesidad

Si estuviéramos en un seminario, haría que mis lectores practicaran este ejercicio en pareja. Sin embargo, cada uno puede también hacerlo solo usando un espejo, si es posible grande.

Piense un momento en algo que quiera cambiar en su vida. Vaya al espejo y, mirándose a los ojos, diga en voz alta:

–Ahora me doy cuenta de que yo he creado esta situación, y estoy dispuesto a renunciar al modelo mental que, en mi conciencia, es responsable de esta situación.

Dígalo varias veces, con sentimiento.

Si estuvieran trabajando en pareja, yo pediría a su compañero que le dijese si realmente le parecía que usted hablaba en serio. Lo que quisiera sería que usted *convenciera* a su compañero.

Pregúntese si realmente lo está diciendo en serio. Convénzase a sí mismo, en el espejo, de que esta vez *está dispuesto* a liberarse de la servidumbre del pasado.

Hay muchas personas que, una vez han llegado a este punto, se asustan porque no saben *cómo* poner en práctica esta renuncia. Tienen miedo de asumir un compromiso sin saber todas las respuestas. Esto no es más que otra resistencia a cambiar. Hay que ir más allá de ella.

Una de las cosas realmente grandes es que no tenemos que saber cómo. Lo único que necesitamos es estar dispuestos. La Inteligencia Universal –o su subconsciente– ya se ocupará de los «cómos». Para todo lo que usted piense y para cada palabra que diga hay respuesta, y el momento del poder es el presente. Las cosas que está pensando y las palabras con que las está declarando en este momento están creando su futuro.

Su mente es un instrumento

Usted es mucho más que su mente. Tal vez ella crea que dirige el espectáculo, pero eso es sólo porque usted la ha entrenado para que piense así. También se puede deshacer ese entrenamiento con el fin de adquirir otro muy distinto.

La mente es un instrumento que usted tiene para usarlo como le plazca. La forma en que lo usa actualmente no es más que un hábito, y los hábitos –cualquier hábito– se pueden cambiar si nos lo proponemos, e incluso si simplemente sabemos que es posible hacerlo.

Acalle durante un momento el parloteo de la mente y piense de verdad en este concepto: *La mente es un instrumento que usted puede usar de cualquier manera, como lo desee.*

Las ideas que usted «decide» pensar crean las experiencias que tiene. Si cree que es arduo y difícil cambiar un hábito o una idea, al decidir pensar así hará que eso sea verdad en su caso. Si decide pensar que cada vez es más fácil para usted hacer cambios, el haber elegido ese pensamiento hará que sea cierto.

El control de la mente

Dentro de usted hay un poder y una inteligencia increíbles, que responden constantemente a sus ideas y a sus palabras. A medida que aprenda a controlar la mente escogiendo conscientemente sus pensamientos, irá ganándose como aliado a ese poder.

No crea que la mente es la que lo controla; es *usted* quien controla a su mente. *Usted* la usa. Usted *puede* dejar de tener esas viejas ideas.

Cuando su pensamiento habitual intente volver, insistiendo en que «es tan difícil cambiar», asuma usted el control mental. Hable con su mente; dígale: «Ahora opto por creer que cada vez se me va haciendo más fácil cambiar.»

Tal vez tenga que repetir varias veces este diálogo con su mente para que ella reconozca que el control lo lleva usted, y que lo que usted dice es lo que vale.

Lo único que usted puede controlar es su pensamiento presente

Sus pensamientos de antes ya no están; no hay nada que usted pueda hacer con ellos, como no sea vivir hasta agotarlas las experiencias que ellos causaron. Sus pensamientos futuros aún no se han formado, y usted no sabe cuáles serán. Su pensamiento actual, lo que está pensando en este mismo momento, está totalmente bajo su control.

Ejemplo

Si durante mucho tiempo ha permitido que su hijo pequeño se quedara levantado hasta que él quisiera, y ahora usted toma la decisión de que el niño se acueste todas las noches temprano, ¿qué cree que pasará la primera noche?

El niño se rebelará contra esa nueva regla; es probable que chille y patalee y haga todo lo posible por no irse a la cama. Si en *este* momento usted afloja, el niño ganará, e intentará siempre controlar la situación.

Sin embargo, si usted mantiene tranquilamente su decisión e insiste con firmeza en que ése es el nuevo horario para acostarse, la rebeldía irá disminuyendo, y en dos o tres noches la nueva rutina habrá quedado establecida.

Lo mismo sucede con su mente: sin duda, al principio se rebelará. No querrá someterse a un nuevo entrenamiento.

Pero el control lo lleva usted, y si se mantiene firme, en muy poco tiempo la nueva manera de pensar habrá quedado establecida. Y usted se sentirá espléndidamente al darse cuenta de que *no es una víctima impotente de sus propios pensamientos, sino el señor de su propia mente.*

Ejercicio: Desprenderse

Mientras va leyendo esto, haga una inspiración profunda, y mientras exhala deje que toda la tensión desaparezca de su cuerpo. Deje que se relajen el cuero cabelludo, la frente y la cara. La cabeza no necesita estar tensa para que usted pueda seguir leyendo. Deje que se relajen la lengua, la garganta y los hombros. Se puede sostener un libro con las manos y los brazos relajados. Hágalo. Deje que se relajen la espalda, el abdomen y la pelvis. Respire en paz mientras relaja las piernas y los pies.

¿Se ha producido algún cambio importante en su cuerpo desde que empezó el párrafo anterior? Sienta hasta qué punto se reprime. Si lo está haciendo con el cuerpo, lo está haciendo con la mente.

En esta posición cómoda y relajada, dígase: «Estoy dispuesto a desprenderme. No me reprimo. Me aflojo. Aflojo toda tensión. Renuncio a todo miedo, a todo enojo. Me libero de toda culpa, de toda tristeza. Renuncio a todas las viejas limitaciones. Me desprendo de todo esto y estoy en paz. Estoy en paz conmigo mismo. Estoy en paz con el proceso de la vida. Estoy a salvo y seguro.»

Practique dos o tres veces este ejercicio. Sienta el aflojamiento que implica desprenderse. Repítalo cada vez que sienta que empiezan a acosarlo pensamientos negativos. Se necesita cierta práctica para que la rutina se haga parte de usted. Cuando uno empieza por ponerse en este estado pacífico y relajado, es más fácil que las afirmaciones «prendan», porque uno está abierto y receptivo ante ellas. No hay necesidad de pugna, de ninguna clase de esfuerzo. Simplemente, relájese y piense en las cosas apropiadas. Sí, es así de fácil.

La descarga física

En ocasiones necesitamos una descarga física para aflojarnos. Las experiencias y las emociones pueden quedar aprisionadas en el cuerpo. Vociferar en el interior del coche, con todas las ventanillas cerradas, puede ser una excelente descarga si hemos estado sofocando nuestra expresión verbal. Aporrear la cama o patear cojines es una manera inofensiva de liberar la furia contenida, como lo es jugar al tenis o correr.

Hace cierto tiempo, me pasé uno o dos días con un dolor en el hombro. Procuré no hacerle caso, pero no se me iba. Finalmente, me decidí a preguntarme qué era lo que pasaba, y qué era exactamente lo que sentía.

«Es como una sensación de quemadura. Quemadura... quemadura... eso significa enojo. ¿Por qué estás enojada?»

Como no se me ocurría por qué estaba enojada, me dije: «Bueno, vamos a ver si podemos descubrirlo.» Puse sobre la cama dos grandes cojines y empecé a aporrearlos con todas mis fuerzas.

Después de una docena de golpes me di cuenta exactamente de por qué estaba enojada. Era clarísimo. Seguí golpeando los almohadones y gritando para descargar las emociones de mi cuerpo. Una vez que hube terminado me sentí mucho mejor, y al día siguiente el hombro estaba como nuevo.

Dejarse inmovilizar por el pasado

Muchas personas vienen a decirme que *no pueden disfrutar del día de hoy a causa de algo que sucedió en el pasado.* Como antes no hicieron algo, o no lo hicieron de cierta manera, no pueden vivir plenamente ahora. Como ya no tienen algo que tuvieron, no pueden disfrutar del presente. Porque en el pasado alguien los hirió, ahora no quieren aceptar el amor. Como una vez que se comportaron de cierta manera les sucedió algo desagradable, están seguros de que volverá a sucederles si actúan de ese modo. Porque una vez hicieron algo de lo cual se arrepienten, se consideran para siempre malas personas. Alguien les hizo una mala pasada en una ocasión, y ahora están seguros de que su vida no es lo que ellos quisieran por culpa de aquella persona. Porque en el pasado una situación los indignó, ahora se aferran virtuosamente a aquella indignación. Debido a alguna antigua experiencia en que se sintieron maltratados, jamás han querido perdonar ni olvidar.

Porque no me invitaron a la fiesta de fin de curso, hoy no puedo disfrutar de la vida.

Porque en mi primera prueba de selección no tuve éxito, ahora todas las pruebas me aterrorizan.

Porque estoy divorciado, no puedo llevar una vida plena.

Porque mi primera relación amorosa terminó, me he cerrado para siempre al amor.

Porque en una ocasión me dijeron algo hiriente, jamás volveré a confiar en nadie.

Porque una vez robé algo, debo autocastigarme siempre.

Porque de niño fui pobre, jamás llegaré a ninguna parte.

Lo que muchas veces nos negamos a reconocer es que aferrarnos al pasado, haya sido lo que haya sido y por más terrible que fuera, sólo sirve para *hacernos daño*. A «ellos» en realidad no les importa, y por lo común, ni siquiera se dan cuenta. Si nos negamos a vivir plenamente el momento presente, sólo nos hacemos daño a nosotros mismos.

El pasado pasó, pertenece al ayer y no es posible cambiarlo. Este momento es el único en que podemos vivir. Hasta cuando nos quejamos del pasado, nuestro recuerdo de él se da en el presente, y en el proceso nos estamos perdiendo la verdadera vivencia de este momento.

Ejercicio: Renunciamiento

Liberemos ahora la mente del pasado, renunciando al apego emocional que sentimos por él. Dejemos que los recuerdos no sean más que recuerdos.

Si uno vuelve a pensar en la ropa que solía usar cuando estaba en tercer grado, eso no tiene por lo general ninguna connotación emocional; no es más que un recuerdo.

Lo mismo puede ocurrir con todos los sucesos pasados de la vida. A medida que los desnudamos de su carga afectiva, adquirimos mayor libertad de valernos de todo nuestro poder mental para disfrutar de este momento y crear nuestro futuro.

Haga una lista de todas las cosas de las que está dispuesto a «soltarse». ¿Está realmente dispuesto a hacerlo? Fíjese en sus reacciones. ¿Qué tendrá que hacer para desprenderse de esas cosas? ¿Hasta qué punto está dispuesto a hacer eso? ¿Qué nivel alcanza su resistencia a cambiar?

El perdón

El paso siguiente es el *perdón*. Perdonarnos y perdonar a los demás es algo que nos libera del pasado. En *A Course In Miracles* se reitera una y otra vez que el perdón lo resuelve casi todo. Yo sé que cuando nos quedamos atascados, por lo general eso significa que hay algo más que perdonar. Si en el momento presente no vamos fluyendo libremente con la vida, generalmente eso quiere decir que nos estamos aferrando a algo del pasado. Puede ser arrepentimiento, tristeza, dolor, miedo, culpa, reproche, cólera, resentimiento e incluso, a veces, deseo de venganza. *Cada uno de estos estados se genera en un reducto de dureza, en una negativa implacable a renunciar a aferrarse y a instalarse en el presente.*

El amor es siempre la respuesta a una especie de curación. Y la senda que conduce al amor es el perdón. Al perdonar se disuelve el resentimiento. Es una actitud que suelo abordar de diversas maneras.

Ejercicio: La disolución del resentimiento

Un amigo mío ideó un ejercicio, que siempre funciona, para disolver el resentimiento. Para hacerlo, siéntese tranquilamente con los ojos cerrados, y deje que mente y cuerpo se relajen. Después, imagine que está sentado en un teatro a oscuras, frente a un pequeño escenario. En él, ponga a la persona contra quien sienta más resentimiento; no importa que pertenezca al pasado o al presente, que esté viva o muerta. Cuando la vea con claridad, imagine que a esa persona le suceden cosas buenas, cosas que serían importantes para ella, y véala sonriente y feliz.

Mantenga durante unos minutos esta imagen y después deje que se desvanezca.

El ejercicio es éste, pero yo le añado un paso más. Cuando la persona desaparezca del escenario, instálese allí usted mismo. Imagínese que le suceden cosas buenas, véase feliz y sonriente. Dése cuenta de que la abundancia del Universo está al alcance de todos nosotros.

El ejercicio anterior, que para algunos será muy difícil de hacer, disuelve las sombrías nubes del resentimiento con que la mayoría de nosotros cargamos. Cada vez que lo haga, imagínese una persona diferente. Practíquelo una vez por día durante un mes, y observe cuánto más ligero se siente.

Ejercicio: La venganza

Quienes caminan por la senda espiritual conocen la importancia del perdón, pero entre nosotros hay personas que necesitan un paso previo antes de poder, perdonar totalmente. A veces, al niño que llevamos dentro, para sentirse en libertad de perdonar, le hace falta primero vengarse. Por eso, este ejercicio es muy útil. Con los ojos cerrados, siéntese en silencio, tranquilamente. Piense en las personas a quienes más le cuesta perdonar. ¿Qué le gustaría realmente hacerles? ¿Qué tendrían que hacer para que usted las perdonara? Imagínese que eso sucede ahora; entreténgase en los detalles. ¿Durante cuánto tiempo quiere que sufran o que hagan penitencia? Cuando sienta que ya ha acabado, condense el tiempo y dé todo por terminado, para siempre. Generalmente, en este momento uno se siente más ligero y se le hace más fácil pensar en perdonar. Complacerse diariamente en este ejercicio no sería bueno para usted, pero hacerlo una vez, a modo de cierre de un capítulo, puede ser muy liberador.

Ejercicio: El perdón

Ahora ya estamos en condiciones de perdonar. Si le es posible, haga este ejercicio en pareja; si no, hágalo solo, pero siempre en voz alta.

Vuelva a sentarse quieto, con los ojos cerrados, y diga: «La persona a quien necesito perdonar es..., y la perdono por...»

Repita insistentemente el ejercicio. A algunos tendrá muchas cosas que perdonarles, a otros solamente una o dos. Si trabaja en pareja, haga que él —o ella— le diga: «Gracias, ahora te libero.» Si trabaja solo, imagínese que la persona a quien está perdonando se lo dice. Hágalo durante cinco o diez minutos por lo menos, buscando en su corazón todas las injusticias que aún alberga, y después suéltelas; no siga aferrándose a ellas.

Ejercicio: Visualización

Otro buen ejercicio. Si puede, haga que alguien se lo lea, o grábelo en una cinta para escucharlo después.

Empiece visualizándose como una criatura de cinco o seis años. Mire profundamente los ojos de ese niño. Vea la ansiedad que hay en ellos y comprenda que la única cosa que quiere de usted es amor. Tiéndale los brazos y envuélvalo en ellos. Abrácelo con amor y ternura, dígale cuánto lo ama, cuánto lo quiere, cuánto le importa. Admire a ese niño, admírelo totalmente y dígale que está perfectamente bien cometer errores mientras se aprende. Prométale que usted estará siempre con él, pase lo que pase. Ahora, deje que ese niño se vuelva muy, muy pequeño, hasta que pueda guardárselo dentro del corazón. Consérvelo allí para que cada vez que mire hacia abajo pueda ver esa carita que se levanta para mirarlo y brindarle todo su amor.

Ahora, visualice a su madre como una niña de cuatro a cinco años, asustada y en busca de amor, sin saber dónde encontrarlo. Tiéndale los brazos, abrácela y hágale saber cuánto la ama, cuánto se preocupa por ella. Dígale que puede confiar en que usted esté siempre allí, pase lo que pase. Cuando se tranquilice y empiece a sentirse segura, deje que se vuelva muy pequeñita, hasta que pueda albergarla en su corazón, y guárdela allí, junto con su niño, para que se den muchísimo amor el uno al otro.

Ahora imagínese a su padre como un niño de tres o cuatro años, asustado y llorando, en busca de amor. Vea cómo le ruedan las lágrimas por la carita, sin saber a quién volverse. Usted, que ya sabe cómo consolar a niños asustados, tienda los brazos para acoger al cuerpecito tembloroso. Consuélelo, arrúllelo, hágale sentir cuánto lo ama. Asegúrele que usted estará siempre allí, con él.

Cuando se le hayan secado las lágrimas, y cuando usted pueda sentirlo lleno de amor y de paz, deje que se vuelva muy pequeño hasta que pueda acogerlo en su corazón. Y guárdelo allí para que los tres pequeños puedan darse unos a otros mucho amor, y usted pueda amarlos a los tres.

* * *

Hay tanto amor en su corazón que con él podría curar a todo el planeta. Pero por ahora limitémonos a dejar que ese amor sirva para curarlo a usted. Sienta cómo una cálida ternura empieza a arder en el centro de su corazón, algo afectuoso y dulce. Y deje que ese sentimiento empiece a cambiar la forma en que usted piensa y habla de sí mismo.

En la infinitud de la vida, donde estoy,
todo es perfecto, completo y entero.
El cambio es la ley natural de mi vida,
y al cambio doy la bienvenida.
Me dispongo a cambiar y decido
modificar mi manera de pensar.
Decido cambiar las palabras que uso.
De lo viejo a lo nuevo, avanzo con júbilo y soltura.
Perdonar es, para mí, más fácil de lo que pensaba.
Perdonar hace que me sienta libre y sin cargas.
Con júbilo aprendo a amarme cada vez más.
Cuanto más me libero del resentimiento,
tanto más amor tengo para expresar.
El cambio de mis pensamientos
hace que me sienta una buena persona.
Estoy aprendiendo a convertir el día de hoy en un placer.
Todo está bien en mi mundo.

Capítulo 8

LA CONSTRUCCION DE LO NUEVO

«Las respuestas que hay dentro de mí me afloran con
facilidad a la conciencia.»

No quiero ser una persona gorda.
No quiero estar sin un duro.
No quiero envejecer.
No quiero vivir aquí.
No quiero tener esta relación.
No quiero ser como mi padre (o como mi madre).
No quiero seguir en este trabajo.
No quiero tener este pelo (o esta nariz o este cuerpo...).
No quiero vivir en soledad.
No quiero ser una persona desdichada.
No quiero enfermar.

Aquello en que uno fija la atención es lo que obtiene

Estas expresiones nos muestran cómo nuestra cultura nos
enseña a combatir mentalmente lo negativo, en la creencia
de que, si lo hacemos de esa manera, nos atraeremos automáticamente lo positivo... pero las cosas no funcionan
así.

¿Con cuánta frecuencia se ha lamentado usted de lo que
no quería? Y esa actitud, ¿le trajo alguna vez lo que en realidad deseaba? Combatir lo negativo es una total pérdida de
tiempo, si lo que usted realmente quiere es llevar a cabo
cambios en su vida. *Cuanto más insista en lo que no quiere,*

tanto más estará creándolo. Lo más probable es que las cosas que siempre le han disgustado, aún sigan formando parte de usted o de su vida.

Aquello en que se fija la atención es lo que crece y se consolida. Apártese de lo negativo para fijar la atención en aquello que realmente *quiere* ser o tener. Convirtamos ahora las anteriores afirmaciones negativas en otras positivas.

Soy una persona esbelta.
Mi situación es próspera.
Soy joven.
Me mudo a un lugar mejor.
Tengo una relación nueva y maravillosa.
Soy dueño (o dueña) de mi propio ser.
Me encanta mi pelo (o mi nariz o mi cuerpo...)
Me siento rebosante de amor y de afecto.
Me siento alegre, libre y feliz.
Mi salud es perfecta.

Las afirmaciones

Aprenda a usar afirmaciones positivas tanto al hablar como al pensar. Cualquier enunciado que usted formule es una afirmación, pero con demasiada frecuencia para pensar nos valemos de afirmaciones negativas, que sólo sirven para continuar creando aquello que decimos que no queremos. Con afirmar que su trabajo le enferma no llegará a ninguna parte, pero si declara que acepta un trabajo nuevo y estupendo abrirá, en su conciencia, los canales necesarios para crear esa situación.

Formule continuamente enunciados positivos sobre cómo quiere usted que sea su vida, pero no olvide un punto muy importante: *Formule siempre sus enunciados en tiempo presente.* Diga «soy» o «tengo». Nuestra parte subconsciente es un servidor tan obediente que si formula uno su declaración en tiempo futuro, diciendo «quiero» o «tendré»... pues ahí será donde siga estando siempre lo que desea: ¡En el futuro, fuera de su alcance!

El proceso de amarse a sí mismo

Tal como ya dije, no importa cuál sea el problema, el punto principal sobre el que hay que trabajar es *amarse a sí mismo*. Esa esa la «varita mágica» que disuelve los problemas. ¿Recuerda las veces que se ha sentido bien consigo mismo y con su vida? ¿Recuerda los momentos en que estaba enamorado, los períodos en que parecía que no tuviese ningún problema? Bueno, pues amándose a sí mismo consigue uno hacer aflorar tal caudal de buenos sentimientos y de buena suerte que termina sintiéndose como si bailara en el aire. *Amarse a sí mismo es lo que hace que uno se sienta bien.*

Y es imposible que usted se ame realmente a sí mismo si no se aprueba y no se acepta. Aprobarse y aceptarse implican no autocriticarse por nada. Ya estoy oyendo las objeciones:

–¡Pero si yo siempre me he criticado!

–¿Cómo es posible que ese rasgo mío me guste?

–Mis padres (o mis maestros o mi pareja) siempre me han criticado.

–Entonces, ¿qué motivación tendré?

–Pero está mal que yo haga esas cosas.

–¿Cómo voy a cambiar si no me critico?

Entrenar la mente

Autocríticas como las que anteceden no son más que ejemplos de cómo la mente sigue con su antiguo parloteo. ¿Ve cómo ha entrenado usted a su mente para que censure sus actitudes y haga que se resista al cambio? ¡No haga caso de esos pensamientos y siga adelante con el importante trabajo que tiene entre manos!

Volvamos a un ejercicio que ya hicimos antes. Mírese en el espejo y diga: «Me amo y me acepto exactamente tal como soy.»

¿Cómo se siente al decir eso ahora? ¿Le ha resultado un poco más fácil, después de haber trabajado con el perdón? Este sigue siendo el principal problema. La autoaprobación y la aceptación de uno mismo son las claves de los cambios positivos.

En la época en que lo que dominaba en mí era la negación de mí misma llegué incluso, en ocasiones, a abofetearme. No sabía qué significaba autoaceptarse. Mi creencia en mis propias carencias y limitaciones era más fuerte que cualquier cosa que nadie pudiera decirme en sentido contrario. Si alguien me decía que me quería, mi reacción inmediata era preguntarme: «¿Por qué? ¿Qué es lo que puede ver nadie en mí?» O la otra idea, clásica, de que si esa persona hubiera sabido cómo era yo *realmente*, por dentro, no me habría amado.

Entonces no me daba cuenta de que todo lo bueno empieza por la aceptación de lo que hay dentro de uno mismo, y por el amor a ese ser que es uno mismo. Me llevó mucho tiempo llegar a tener una relación de paz y de amor *conmigo misma*.

Al principio empecé a buscar con empeño las pequeñas cosas que veía en mí misma y que me parecían «buenas cualidades». Eso me ayudó, y mi salud empezó a mejorar. La buena salud –lo mismo que la prosperidad y la autoexpresión creadora– se inicia con el amor a uno mismo. Más adelante aprendí a amarme y a aprobarme en bloque, incluso teniendo en cuenta las características que no me parecían «lo bastante buenas», y fue entonces cuando empecé realmente a progresar.

Ejercicio: Me acepto y me apruebo

He hecho hacer este ejercicio a cientos de personas, y sus resultados son estupendos. Durante todo un mes, dígase continuamente: «*Me acepto y me apruebo.*»

Hágalo por lo menos trescientas o cuatrocientas veces al día. No, no son demasiadas. Cuando usted se preocupa por algo, vuelve a acordarse de su problema por lo menos otras tantas veces; ahora, deje que la frase «Me acepto y me apruebo» se convierta en una mantra, en algo que usted se dice y se repite interminablemente, casi sin pausa alguna.

Le garantizo que esta frase es infalible para hacer aflorar a la conciencia todo lo que uno mantiene sepultado en sus profundidades, y que se opone a esta afirmación.

Cuando asome un pensamiento negativo como, por ejemplo, «¿Cómo puedes aceptarte y aprobarte si eres gordo?», o «¡Qué tonta que eres si te crees que eso sirve para algo!», o simplemente «Eres un inútil», o cualquier otro enunciado negativo, *ése* es el momento de asumir el control de su mente. No le dé importancia al asunto. Considere esa idea como lo que es –otra manera de hacer que usted continúe viviendo en el pasado–, y dígale amablemente: «Tú ya puedes irte; yo me acepto y me apruebo.»

Ya el sólo hecho de pensar en hacer el ejercicio puede traerle a la mente un montón de objeciones: «Qué tontería», o «Eso no me parece posible», o «Vaya mentira», o «Es pura presunción», o «¿Qué es lo que puedo aprobar de mí si estoy haciendo esto?».

Déjelas pasar a todas. Esas ideas no son más que resistencias, que no tienen ningún poder sobre usted, a menos que decida creérselas.

«Me acepto y me apruebo, me acepto y me apruebo, me acepto y me apruebo.» Pase lo que pase, le digan lo que le digan, le hagan lo que le hagan, usted siga repitiéndoselo. De hecho, cuando pueda decirse eso sea cual sea la situación en la que se encuentre, sabrá que está creciendo y cambiando.

A menos que se lo concedamos, las ideas no tienen ningún poder sobre nosotros; no son más que sartas de palabras, que no tienen *absolutamente ningún significado.* El significado se lo damos *nosotros. Nosotros* decidimos cuál es el significado que vamos a darles. Decidamos, entonces, pensar cosas que nos ayuden y nos apoyen.

Parte de la aceptación de sí mismo reside en liberarse de las opiniones ajenas. Si yo estuviera con usted y le dijera insistentemente «Eres un cerdo de color púrpura», usted se reiría de mí, o se fastidiaría conmigo y pensaría que estaba chiflada. Sería muy improbable que se creyera que eso es verdad. Y, sin embargo, muchas de las cosas que hemos decidido creer acerca de nosotros son tan disparatadas y tan falsas como ésa. Creer que su valor intrínseco depende de la forma de su cuerpo es su propia versión de creerse que es un cerdo de color púrpura.

Con frecuencia, aquellas cosas nuestras que consideramos «malas» no son más que expresiones de nuestra propia individualidad. Eso es lo que tenemos de peculiar, lo que hay de especial en nosotros. La naturaleza jamás se repite. Desde que existe este planeta, no ha habido dos copos de nieve idénticos ni dos gotas de lluvia iguales. Y cada margarita es diferente de todas las demás. Nuestra huellas digitales son distintas y nosotros también. *Estamos hechos para ser diferentes. Cuando podemos aceptar que es así, ya no hay competición ni comparación.* Tratar de ser como algún otro es marchitarnos el alma. Hemos venido a este planeta para expresar *quiénes somos.*

Yo ni siquiera sabía quién era, mientras no empecé a aprender a amarme tal como soy en este momento.

Ponga en funcionamiento su conciencia de sí

Piense cosas que le hagan feliz. Haga cosas que le gusten. Esté con gente que sea de su agrado. Coma cosas que hagan que su cuerpo se sienta bien. Muévase con un ritmo que sienta que le beneficia.

La plantación de semillas

Piense un momento en una tomatera. Una planta sana puede cargar más de un centenar de tomates. Para conseguir una planta así, es necesario empezar por una semillita seca, que no se parece en nada a una tomatera, ni sabe seguramente a tomate, y que si usted no la conociera, ni siquiera creería que puede convertirse en una planta de tomate. Sin embargo, supongamos que planta la semillita en un poco de tierra buena, empieza a regarla y deja que le dé el sol.

Cuando aparece el primer tallito, usted no le da un pisotón, diciendo que eso no es una tomatera; más bien lo mira y se alegra. «¡Qué bien, ya está saliendo!», dice, y lo mira crecer con deleite. En su momento, si sigue regándola, cuida de que no le falte sol y le quita las malezas, la plantita llegará a convertirse en una tomatera con más de un centenar de espléndidos tomates. Y todo empezó con una semillita.

Lo mismo pasa cuando usted quiere crearse una experiencia nueva. La tierra es la parte subconsciente de su mente. La afirmación nueva es la semilla. *La nueva experiencia está, en su totalidad, en esa semillita.* Usted la riega con afirmaciones, deja que se bañe en el sol de sus pensamientos positivos, limpia de malezas el jardín arrancando las ideas negativas que se le ocurren. Y cuando ve por primera vez una mínima prueba de que algo está creciendo, no la pisotea, quejándose de que eso no es bastante, sino que la mira y exclama jubilosamente:

–Oh, ¡qué bien! Ya está saliendo. ¡Esto funciona!

Y sigue observando cómo crece, para convertirse en la manifestación de su deseo.

Ejercicio: La creación de nuevos cambios

Ahora es el momento de que *tome la lista de cosas que no le gustan de usted y las exprese en forma de afirmaciones positivas.* O también puede enumerar todos los cambios que quiere realizar, y las cosas que quiere tener y hacer. Después, elija tres puntos de la lista, y exprésolos como afirmaciones positivas.

Supongamos que su lista negativa era más o menos así:

Mi vida es un caos.
Tendría que rebajar de peso.
A mí nadie me quiere.
Quiero mudarme.
Mi trabajo me enferma.
Debería organizarme.
No hago lo suficiente.
Yo no sirvo para...

Todo esto se puede dar vuelta de manera que suene más o menos así:

Quiero liberarme del modelo mental que creó todas estas condiciones.
Estoy en el proceso de hacer cambios positivos.
Tengo un cuerpo sano y esbelto.
Dondequiera que voy me quieren.
Tengo una vivienda perfecta.
Me estoy creando un estupendo trabajo nuevo.
Ahora me organizo muy bien.
Todo lo que hago me da placer.
Me amo y me apruebo sin reservas.
Confío en que el proceso de la vida me dé lo que es mejor para mí.
Me merezco lo mejor, y ahora mismo lo acepto.

De este grupo de afirmaciones provendrán todas las cosas que usted quiere cambiar en su lista. Al amarse y aprobarse se creará un espacio de seguridad y confianza en que la aceptación de sus méritos permitirá que su peso corporal se normalice. Estas afirmaciones generarán la organización en su mente, crearán en su vida relaciones de amor, le atraerán un trabajo nuevo y un nuevo lugar donde vivir. Es milagroso cómo crece una tomatera. Es milagrosa la forma en que podemos hacer que nuestros deseos se manifiesten.

El merecimiento del bien

¿Cree usted que se merece tener lo que desea? Si no es así, no se permitirá tenerlo. Circunstancias que parecen fuera de su control concurrirán para impedírselo.

Ejercicio: Me merezco

Vuelva a mirarse en el espejo y diga: «Me merezco tener... (o ser...), y lo acepto ahora.» Dígalo dos o tres veces.

¿Cómo se siente? Preste siempre atención a sus sentimientos, a lo que sucede en su cuerpo. Pregúntese si se cree lo que dice, ¿o todavía se siente indigno?

Si su cuerpo le transmite cualquier sentimiento negativo, vuelva a afirmar: «Renuncio a la pauta que en mi conciencia está creando resistencias a mi propio bien.» Y repita: «Me merezco...»

Repítalo hasta que sienta que lo acepta, aunque tenga que hacerlo durante muchos días seguidos.

El punto de vista holístico

Para enfocar la construcción de algo nuevo en nuestro interior nos interesa partir de un punto de vista holístico. La filosofía holística procura nutrir y alimentar la totalidad del ser: cuerpo, mente y espíritu. Si nos desentendemos de cualquiera de estos aspectos somos seres incompletos, no estamos enteros. No importa por dónde comencemos, siempre y cuando terminemos por incluir también las otras áreas.

Si comenzamos por el cuerpo, tenemos que trabajar con la nutrición, aprender la relación que hay entre nuestra elección de alimentos y bebidas y la forma cómo nos sentimos. Deseamos optar por lo que sea más beneficioso para el cuerpo. Hay hierbas y vitaminas, tenemos la homeopatía y también los remedios florales de Bach y el tratamiento del colon.

Asimismo, deseamos encontrar una forma de ejercicio que nos resulte atractiva. El ejercicio nos fortalece los huesos y mantiene joven el cuerpo. Además de diversos deportes, entre ellos la natación, no hay que olvidar la danza, las artes marciales, el tai-chi, el yoga... A mí me encanta ejercitarme en el trampolín, y lo hago todos los días. Y la tabla inclinada me va estupendamente para relajarme.

O podemos explorar alguna forma de trabajo corporal, como el rolfing, las conocidas como Heller o Trager, diversas formas de masaje, la reflejoterapia de los pies, la acupuntura o la quiropraxia. También están la técnica Alexander, la bioenergética, los trabajos de Feldenkrais, toque terapéutico y Reiki.

Si empezamos *por la mente,* podemos explorar técnicas de visualización, de imaginación o de fantasía guiada, y también las afirmaciones. Hay muchísimas técnicas psicológicas: la *Gestalt,* el renacimiento, la hipnosis, el psicodrama, las regresiones a las vidas pasadas, la terapia por el arte, y se puede incluso trabajar con los sueños.

La *meditación* en cualquiera de sus formas es una manera estupenda de aquietar la mente y permitir que nuestra propia «sabiduría» aflore a la superficie. Yo, generalmente, me limito a sentarme con los ojos cerrados, preguntar qué es lo que necesito saber, y esperar tranquilamente una respuesta. Si la respuesta viene, perfecto; si no viene, también. Ya vendrá otro día.

También hay *grupos* que hacen trabajos diversos, en forma de talleres. Los hay para todos los gustos. Ningún taller ni seminario le librará a uno para siempre de *todos* sus problemas, pero pueden ayudarle a cambiar su vida aquí y ahora, en esta circunstancia momentánea y concreta.

En el *terreno espiritual* están la oración, la meditación y diversas maneras de conectarse cada uno con su Fuente Superior. Para mí, la práctica del perdón y del amor incondicional son disciplinas espirituales.

Existen también grupos espirituales relacionados con diversas orientaciones religiosas, especialmente protestantes, pero se trata de un terreno demasiado personal para dar en él ninguna orientación concreta.

Sin embargo, quiero que mis lectores sepan que hay muchísimos caminos que pueden explorar. Si en uno de ellos no encuentran lo que buscan, prueben otro. Todas estas sugerencias han demostrado ser benéficas, pero yo no puedo decir cuál es la mejor para cada uno. Eso es algo que todos tenemos que descubrir por nosotros mismos, y yo no tengo todas las respuestas para nadie. No soy más que un peldaño en la senda que conduce a la salud, dentro de una concepción holística.

En la infinitud de la vida, donde estoy,
todo es perfecto, completo y entero.
Mi vida es siempre nueva.
Cada momento de ella es nuevo, fresco y vital.
Para crear exactamente lo que quiero,
uso mi pensamiento afirmativo.
Hoy es un nuevo día. Yo soy un yo nuevo.
Pienso, hablo y actúo de manera diferente.
Los demás me tratan de manera diferente.
Mi nuevo mundo es un reflejo de mi manera
de pensar nueva.
Es un jubiloso deleite plantar nuevas semillas
porque sé que de ellas brotarán mis nuevas experiencias.
Todo está bien en mi mundo.

Capítulo 9

EL TRABAJO COTIDIANO

«Disfruto al practicar mis nuevas habilidades mentales.»

**Si abandonaran la primera vez que se caen,
los niños jamás aprenderían a caminar**

Como con cualquier otra cosa nueva que usted aprende, necesita practicar para incorporar todo esto a su vida. Primero hace falta mucha concentración, y hay quien piensa que esto lo convierte en un «trabajo duro». A mí no me gusta considerarlo así, sino más bien como algo nuevo que hay que aprender.

El proceso de aprendizaje es siempre el mismo, no importa lo que se aprenda; tanto da que sea conducir un coche, escribir a máquina, jugar al tenis o pensar de manera positiva. Primero andamos a tientas y a tropezones mientras nuestro subconsciente aprende, ensayando y fallando, y sin embargo cada vez que volvemos a practicar se nos hace más fácil y nos sale un poco mejor. Claro que nadie lo hará «perfectamente» el primer día; hará lo que pueda, y eso, para empezar, ya está bien.

No olvide decirse con frecuencia: «Estoy haciéndolo lo mejor que puedo.»

Prodíguese todo el apoyo posible

Recuerdo muy bien mi primera conferencia. Cuando bajé del podio me dije inmediatamente: «Louise, estuviste fantástica. Absolutamente estupenda para ser la primera vez. Cuando hayas dado cinco o seis conferencias más, serás una profesional.»

Un par de horas más tarde, me dije que habría algunas cosas que cambiar, y anoté mentalmente dos o tres, pero me negué rotundamente a criticarme.

Si hubiera bajado del podio vapuleándome a mí misma con frases como: «Oh, qué mal estuviste. Te equivocaste en esto, te olvidaste de lo otro y dijiste mal lo de más allá», me habría sentido aterrorizada en mi segunda clase. Tal como fueron las cosas, la segunda salió mejor que la primera, y para la sexta ya me sentía realmente como una profesional.

Observe cómo funciona «La Ley» en nuestro entorno

Poco antes de empezar a escribir este libro me compré un ordenador con un programa de procesamiento de textos. Era algo nuevo que había decidido aprender. Descubrí que aprender a usar mi «Mago», como decidí llamarlo, era muy parecido a aprender las Leyes Espirituales. Cuando asimilé las leyes del ordenador y del programa, vi que ciertamente era «mágico» lo que podían hacer por mí. Pero si no seguía al pie de la letra sus leyes, o bien la cosa no funcionaba como *yo* quería, o simplemente no pasaba nada. El «Mago» no me hacía la menor concesión. Ya podía yo frustrarme a mi gusto; él esperaba pacientemente a que yo aprendiera sus leyes, y entonces me brindaba su magia. Y para eso necesité práctica.

Lo mismo pasa con el trabajo que usted está encarando ahora. Debe aprender las Leyes Espirituales y seguirlas al pie de la letra. No podrá adaptarlas a su antigua manera de pensar. Debe aprender y hablar un lenguaje nuevo, y cuando lo consiga, *entonces* la «magia» se manifestará en su vida.

Refuerce su aprendizaje

Cuantas más maneras encuentre de reforzar el aprendizaje, mejor. Yo le sugiero que:

Exprese gratitud.
Escriba afirmaciones.
Practique meditación.
Disfrute al ejercitarse.
Mejore su nutrición.
Exprese afirmaciones en voz alta.
Cante sus afirmaciones.
Tómese tiempo para ejercicios de relajación.
Use visualizaciones e imágenes mentales.
Lea y estudie.

Mi trabajo cotidiano

Mi trabajo diario se desarrolla aproximadamente así:

Al despertarme, en lo primero que pienso antes de abrir los ojos es en dar las gracias por todo lo que se me ocurre.

Después de ducharme, dedico una media hora a la meditación y a decir mis afirmaciones y plegarias.

A continuación, unos quince minutos de ejercicios, generalmente con el trampolín. A veces sigo algún programa matutino de gimnasia aeróbica por televisión.

Y ya estoy lista para el desayuno: fruta o zumo de frutas e infusiones de hierbas. Doy las gracias a la Madre Tierra por brindarme estos productos, y agradezco a las frutas y las hierbas que den su vida para que yo pueda alimentarme.

Antes del almuerzo me gusta mirarme en un espejo y hacer algunas afirmaciones en voz alta, o incluso cantándolas. Algo así como:

Louise, eres maravillosa y te quiero.
Este es uno de los mejores días de tu vida.
Todo lo que sucede, sucede para tu bien.
Todo lo que te hace falta saber te es revelado.
Todo lo que necesitas te llega.
Todo está bien.

Mi almuerzo suele consistir en una abundante ensalada, y una vez más bendigo y agradezco la comida.

Al atardecer me paso algunos minutos en la tabla inclinada, dejando que mi cuerpo se relaje profundamente, y a veces escucho música durante ese rato.

La cena consiste en verduras cocidas al vapor y cereales. A veces también como pescado o pollo. Mi cuerpo funciona mejor con alimentos simples. Me gusta compartir mi cena, y cuando somos varios intercambiamos bendiciones además de bendecir la comida.

A veces, por la noche, dedico un rato a leer y estudiar. Siempre hay algo más que aprender, pero también suelo aprovechar esa hora para escribir diez o veinte veces la afirmación con la que estoy trabajando.

Cuando me voy a la cama hago unos instantes de recogimiento. Repaso los acontecimientos del día y bendigo cada actividad. Afirmo que dormiré profundamente y que me despertaré fresca y renovada, jubilosa ante el nuevo día.

Parece abrumador, ¿verdad? Al comienzo, todo eso impresiona muchísimo, pero después de un corto tiempo la nueva manera de pensar se habrá convertido en parte de su vida y lo hará fácilmente, porque será algo tan automático como ducharse o cepillarse los dientes.

Podría ser maravilloso para una familia que sus miembros se dediquen a hacer juntos algunas de estas cosas; por ejemplo meditar en grupo para empezar el día, o bien antes de cenar, es fuente de paz y armonía para todos. Si les parece que no tienen tiempo, podrían levantarse media hora antes: los beneficios bien valen el esfuerzo.

¿Cómo empieza usted su día?

¿Qué es lo primero que dice usted por la mañana, cuando se despierta? Todos tenemos algo que nos decimos prácticamente cada día. ¿Es positivo o negativo? Yo recuerdo la época en que me despertaba gimiendo: «Ay, mi Dios, otro día más.» Y así eran exactamente los días que tenía: todo me iba mal, una cosa tras otra. Ahora, cuando me despierto, sin abrir siquiera los ojos, agradezco a la cama el sueño reparador que me ha brindado. Después de todo, nos hemos pa-

sado toda la noche cómodamente juntas. Entonces, todavía
con los ojos cerrados, me quedo unos diez minutos sin hacer
otra cosa que agradecer todo lo bueno que hay en mi vida.
Me programo un poco el día, afirmando que todo me irá
bien y que lo disfrutaré muchísimo. Todo esto, antes de le-
vantarme.

La meditación

Todos los días, concédase unos minutos para *meditar* en
paz. Si no tiene la costumbre de hacerlo, empiece con cinco
minutos. Siéntese en silencio a observar su propia respiración y deje que los pensamientos pasen tranquilamente por
su mente. No les dé importancia y se irán. La naturaleza de
la mente es pensar, de modo que no trate de liberarse de los
pensamientos.

Hay muchas clases donde se enseña meditación, y abundan los libros en que puede estudiar maneras de meditar,
pero no importa cómo o por dónde empiece: ya terminará
por crearse su método. Yo, generalmente, me siento en silencio y pregunto: «¿Qué es lo que necesito saber?» Y dejo que
la respuesta me llegue, si quiere, y si no, sé que me llegará en
otro momento. No hay maneras correctas ni incorrectas de
meditar.

Otra forma de meditación consiste en sentarse a observar
cómo va y viene en nuestro cuerpo la respiración. Al inhalar
cuente uno, al exhalar cuente dos, al inhalar cuente tres, al
exhalar cuente cuatro... Siga contando hasta llegar a diez, y
vuelva a empezar por uno. Si descubre que su mente está haciendo la lista de la compra, vuelva a empezar por uno. Si se
encuentra con que ha seguido contando hasta veinticinco,
vuelva a empezar por uno.

Tuve una clienta sumamente brillante e inteligente. De
mente excepcionalmente despierta y rápida, tenía un gran
sentido del humor, y, sin embargo, no conseguía salir adelante. Tenía un gran exceso de peso, sus finanzas eran una
ruina, estaba frustrada con su carrera y durante muchos años
no había tenido un solo romance. Rápidamente aceptó todos

los conceptos metafísicos, que le parecían llenos de sentido, pero era tan inteligente, tan rápida, que se le hacía difícil disminuir la velocidad lo suficiente como para practicar, durante un tiempo que le sirviera para algo, las ideas que tan instantáneamente captaba.

La meditación diaria le ayudó enormemente. Empezamos con cinco minutos por día, y muy despacio fuimos llegando hasta los 15 o 20 minutos.

Ejercicio: Las afirmaciones diarias

Tome un par de afirmaciones y *escríbalas* de 10 a 20 veces por día. *Léalas en voz alta,* con entusiasmo. Componga una canción con ellas, y *cántela con alegría.* Deje que su mente se concentre durante todo el día en estas afirmaciones. Las afirmaciones que se usan en forma constante se convierten en creencias, y *siempre* producirán resultados, a veces de manera que no podemos ni siquiera imaginar.

Una de mis creencias es que siempre tengo buenas relaciones con mis arrendadores. La última persona que me alquiló una vivienda en Nueva York era un hombre que tenía fama de poner siempre muchas dificultades, y todos los inquilinos se quejaban de él. En los cinco años que viví allí no lo vi más que en tres ocasiones. Cuando decidí mudarme a California, decidí también venderlo todo y empezar de nuevo, sin ningún lastre del pasado. Entonces empecé a hacer afirmaciones como:

«Todo lo que tengo se vende fácil y rápidamente.»
«La mudanza es muy fácil de hacer.»
«Todo funciona de acuerdo con el Orden Divino.»
«Todo está bien.»

No pensé en lo difícil que sería vender las cosas, ni en dónde dormiría las noches previas a la mudanza, ni en ninguna otra cosa negativa. Me limité a insistir con mis afirmaciones. Pues bien, entre clientes y alumnos me compraron muy pronto todas las cosas pequeñas y la mayor parte de los libros. Informé por carta a mi arrendador de que no le renovaría el contrato, y para mi gran sorpresa, recibí una llamada telefónica de él para decirme que lamentaba mucho mi partida. Se ofreció a escribirme una carta de recomendación para el nuevo propietario, en California, y me preguntó si le podría vender mis muebles, porque había decidido volver a alquilar aquel apartamento amueblado.

Mi Conciencia Superior había sintetizado mis dos creencias, la de que siempre tengo buenas relaciones con mis arrendadores y la de que todo se vendería fácil y rápidamente, de una manera que a mí jamás se me habría ocurrido. Con gran pasmo de todos los demás inquilinos, hasta la última noche pude dormir en mi propia cama, en un apartamento cómodamente amueblado, *¡y me pagaron por hacerlo!* Salí de casa con una maleta de ropa, el exprimidor, la licuadora, el secador de pelo y la máquina de escribir, amén de un sustancioso cheque, y sin prisa alguna me fui a tomar el tren para Los Angeles.

No crea en las limitaciones

Al llegar a California necesitaba comprar un coche, y como antes no había comprado ninguno allí ni había hecho ninguna otra compra importante, no tenía crédito establecido. Los bancos no querían dármelo, ya que ser mujer y trabajar como profesional independiente no me servía de mucho. Como no quería gastarme todos mis ahorros en comprar un coche nuevo, la cuestión del crédito se convirtió para mí en una especie de trampa.

Me negué a ceder a ningún pensamiento negativo referente a la situación. Alquilé un coche y me dije una y otra vez: «Tengo un hermoso coche nuevo, conseguido con toda facilidad.»

Al mismo tiempo, dije a toda la gente que conocía que quería comprarme un coche nuevo, y que hasta el momento no había podido conseguir un crédito. Unos tres meses después acerté a conocer a una mujer de negocios y ambas nos caímos bien mutuamente. Cuando le conté la historia del coche, me dijo: «Oh, ya me ocuparé yo de eso.»

Llamó a una amiga que trabajaba en un banco y que le debía favores, le dijo que yo era una «vieja amiga» y le dio unas referencias estupendas de mí. Tres días después salía yo de una agencia conduciendo mi hermoso coche nuevo.

El proceso, como tal, me había dejado impresionada. Creo que la razón de que hubiera necesitado tres meses para que el coche se manifestase fue que nunca me había comprometido a pagar cuotas mensuales, y la niña que hay en mí estaba asustada y necesitaba tiempo para atreverse a dar un paso semejante.

Ejercicio: Me amo a mí misma

Supongo que a estas alturas usted ya estará casi todo el tiempo diciendo: «Me acepto y me apruebo.» Es una base excelente. No deje de hacerlo durante un mes más por lo menos.

Ahora tome un bloc de papel y escriba en la primera página: «Me amo, así que...», y termine esta oración de tantas maneras como se le ocurran. Relea diariamente su lista y a medida que se le ocurran cosas nuevas, añádaselas.

Si puede trabajar en pareja, hágalo. Tómense de la mano y altérnense ambos (o ambas) para decir: «Me amo, así que...». El mayor beneficio que se obtiene de este ejercicio es que uno aprende que es casi imposible que se reste importancia cuando está diciéndose que se ama.

Ejercicio: Aduéñese de lo nuevo

Visualícese o imagínese teniendo, haciendo o siendo aquello que constituye la meta de su esfuerzo. Imagínelo con todo detalle. Sienta, vea, toque, saboree, oiga, huela. Observe las reacciones de otras personas frente a su nuevo estado, y, sean cuales fueren, acepte que eso está perfectamente bien para usted.

Ejercicio: Expanda su conocimiento

Lea todo lo que pueda para expandir su entendimiento de cómo funciona la mente. Es mucho lo que puede llegar a saber, y este libro no es más que *un paso* en su camino. Busque otros puntos de vista; oiga cómo otros le dicen lo mismo de diferente manera. Estudie durante un tiempo con un grupo, hasta que ya no tenga más necesidad de ellos.

Este es un trabajo para toda la vida. Cuanto más aprenda, cuanto más sepa, cuanto más practique, mejor llegará a sentirse y más maravillosa será su vida. ¡Este es un trabajo que hace que usted *se sienta bien*!

Comience a manifestar los resultados

Al practicar tantos de estos métodos como le sea posible, usted empezará a manifestar los resultados de este trabajo. Verá los pequeños milagros que se producen en su vida. Las cosas que quiere eliminar de ella desaparecerán por sí solas. Lo que desea que suceda surgirá en su vida como por arte de magia, ¡y alcanzará satisfacciones que jamás se habría imaginado!

Yo me quedé sorprendida y encantada cuando, tras algunos meses de haber iniciado mi trabajo mental, empecé a parecer más joven. ¡Y ahora represento diez años menos de lo que representaba hace diez años!

Amese tal como es, y ame todo lo que hace. Ríase de usted y de la vida, y nada podrá afectarle. Al fin y al cabo, todo es temporal. Sea como fuere, en su próxima vida usted lo hará todo de diferente manera, así que, ¿por qué no empezar ahora?

Podría leer alguno de los libros de Norman Cousins, que

riéndose se curó de una enfermedad mortal. Lamentablemente, no cambió los modelos mentales que le provocaron aquella enfermedad, de modo que acabaron creándole otra. Y, sin embargo, ¡también de la segunda se curó riendo!

Son muchas las formas en que puede abordar su curación. Inténtelas todas, y después use las que más atractivas le parezcan.

Por la noche, cuando se acueste, cierre los ojos y agradezca todo lo que hay de bueno en su vida. Su gratitud le traerá más bendiciones.

No escuche las noticias por la radio ni vea el telediario antes de acostarse. No contamine sus sueños con una lista de desastres. Al soñar hacemos un importante trabajo de limpieza, y usted puede pedir al mecanismo del sueño que le ayude con cualquier cosa en la que esté trabajando. Con frecuencia, a la mañana siguiente recibirá una respuesta.

Vaya a acostarse en paz. Confíe en que el proceso de la vida está de su parte y ocúpese de todo para su mayor bien y su máxima alegría.

No hay necesidad de convertir en algo monótono nada de lo que esté haciendo. Todo puede ser un juego, divertido y jubiloso. ¡Depende de usted! Hasta la práctica del perdón y la renuncia al resentimiento pueden ser divertidas, si usted se empeña en que lo sean. Pruebe a hacerse una cancioncita con esa situación o esa persona de la que tanto le cuesta liberarse. Si entona una copla, verá como todo el procedimiento se aligera. Cuando trabajo con mis clientes, los animo a reírse tan pronto como puedo. Cuanto más nos riamos de nuestros problemas, más fácil nos resultará liberarnos de ellos.

Si usted viera una comedia cuyo argumento se basara en sus problemas, le causarían risa. La tragedia y la comedia son la misma cosa. ¡Ver una o la otra no depende más que del punto de vista! «Oh, ¡qué tontos pueden ser los mortales!»

Haga todo lo que pueda para que su trabajo de transformación sea un placer y un gozo. ¡Diviértase!

En la infinitud de la vida, donde estoy,
todo es perfecto, completo y entero.
Yo me mantengo, y la vida me mantiene.
A mi alrededor veo pruebas de la Ley que opera
en todos los aspectos de mi vida.
Refuerzo todo lo que aprendo con convicción y júbilo.
Mis días se inician con gratitud y alegría.
Con entusiasmo me anticipo a las aventuras del día,
porque sé que en mi vida «todo es bueno».
Amo y acepto lo que soy y lo que hago.
Soy la viviente, enamorada y jubilosa expresión de la vida.
Todo está bien en mi mundo.

Tercera parte

COMO PONER EN PRACTICA ESTAS IDEAS

Capítulo 10

LAS RELACIONES

«Todas mis relaciones son armoniosas.»

En la vida todo son relaciones. Tenemos relaciones con todo. En este momento, usted tiene una relación con el libro que está leyendo, conmigo y con mis ideas.

Las relaciones que usted tiene con los objetos, la comida, el tiempo, el transporte y las personas son, todas, reflejos de la relación que tiene con usted mismo. Y la relación que tiene con usted mismo está sumamente influida por las relaciones que tuvo con los adultos que lo rodeaban cuando era niño. La forma en que, cuando éramos pequeños, los adultos reaccionaron ante nosotros es, con frecuencia, la forma en que ahora nosotros mismos reaccionamos, tanto positiva como negativamente.

Piense un momento en las palabras que usa cuando se regaña. ¿No son las mismas que usaban sus padres cuando lo regañaban? ¿Y qué palabras usaban cuando lo elogiaban? Estoy segura de que son las mismas que usa usted para elogiarse.

Tal vez nunca lo hayan elogiado, de modo que usted no tiene la menor idea de cómo autoelogiarse, y probablemente crea que no hay nada que elogiar. No estoy culpando a sus padres, ya que todos somos víctimas de víctimas. De ninguna manera pudieron haberle enseñado algo que no sabían.

Sondra Ray es una gran renacedora que ha trabajado muchísimo en este tema, y sostiene que todas las relaciones importantes que tenemos son un reflejo de la que tuvimos con uno de nuestros padres. Además, afirma que mientras no depuremos aquella primera relación, jamás estaremos en libertad de crear exactamente lo que queremos en las que tenemos ahora.

Nuestras relaciones son espejos de nosotros mismos. Aquello que atraemos es siempre un reflejo, ya sea de nuestras cualidades o de las creencias que profesamos respecto de las relaciones. Y esto vale independientemente de que se trate de un jefe, un colaborador, un empleado, un amigo, una (o un) amante, el cónyuge o un hijo. Las cosas que a usted no le gustan de esas personas son las que usted mismo hace o le gustaría hacer, son lo que usted cree. No podría atraer a esas personas ni tenerlas en su vida si, con su manera de ser, no fueran de algún modo el complemento de su propia vida.

Ejercicio: Nosotros o ellos

Durante un momento, piense en alguien que haya en su vida y que le moleste. Describa tres características de esa persona que a usted no le gusten, que quiera verle cambiar.

Ahora, mire profundamente hacia dentro de sí y pregúntese dónde es usted así, y cuándo hace esas mismas cosas.

Cierre los ojos y dése tiempo para hacerlo.

Después, pregúntese si *está dispuesto a cambiar.* Cuando haga desaparecer de su pensamiento y de su conducta esas pautas, esos hábitos y esas creencias, aquella persona cambiará o desaparecerá de su vida.

Si tiene un jefe que siempre está criticándolo y es imposible de complacer, mírese por dentro. O usted en algún nivel hace lo mismo, o tiene la creencia de que «los jefes son siempre criticones e imposibles de complacer».

Si tiene un empleado que no le obedece o no termina a tiempo los trabajos, observe dónde hace usted lo mismo, y haga su propia limpieza. Despedir a alguien es muy fácil, pero así no limpia usted su propia casa.

Si hay un colaborador que no quiere cooperar y ser parte del equipo, trate de descubrir cómo pudo usted haber provocado eso. ¿En qué punto no se muestra usted cooperativo?

Si tiene un amigo indigno de confianza y que lo deja en la estacada, vuélvase hacia adentro. ¿En qué aspectos de su vida es usted indigno de confianza, y cuándo deja a los demás en la estacada? ¿Es eso lo que cree?

Si tiene una (o un) amante fría y poco cariñosa, fíjese a ver si dentro de usted no habrá una creencia que se originó al ver a sus padres en su niñez, y que le dice que el amor es frío y poco demostrativo.

Si su cónyuge es regañón e indiferente, vuelva a examinar sus creencias infantiles. ¿Alguno de sus padres era regañón e indiferente? ¿Es usted así?

Si tiene un hijo cuyos hábitos le irritan, le garantizo que esos hábitos son los suyos. Los niños sólo aprenden por imitación de los adultos que hay a su alrededor. Cambie usted sus hábitos, y verá como su hijo cambia automáticamente.

Esta es la *única* manera de cambiar a los demás: empezar por cambiarnos a nosotros. Cambie usted sus modelos mentales y verá como «ellos» también actúan de otra forma.

De nada sirve echar culpas. Con eso sólo dilapidamos nuestro poder. Mantenga su poder, porque sin él no podrá hacer cambios en su vida. La víctima desvalida no puede ver cómo salir de su situación.

Cómo se atrae el amor

El amor llega cuando menos lo esperamos, cuando no vamos en busca de él. Si anda a la caza del amor, jamás encontrará la pareja adecuada. Así sólo se crea ansiedad y desdicha. El amor no está nunca afuera; lo llevamos dentro.

No insista en que el amor venga inmediatamente. Quizás usted no esté preparado para él, o tal vez no esté lo bastante evolucionado como para atraer el amor que anhela.

No se conforme con cualquiera aunque sólo desee que

haya alguien. Plantee sus exigencias. ¿Qué clase de amor quiere atraer? Haga una lista de las cualidades que le gustaría que hubiera en la relación y cultívelas en usted. Así podrá atraer a una persona que las tenga.

También podría examinar qué lo está manteniendo lejos del amor. ¿Es usted criticón, o se siente indigno? Sus normas, ¿son irrazonables? ¿Anda en pos de la imagen de una estrella cinematográfica? ¿Tiene miedo de la intimidad? ¿Duda de que *usted* pueda ser amado?

Esté dispuesto para el amor cuando éste llegue. Prepárele el terreno, y no se olvide de que luego hay que regarlo y abonarlo. Si ama, podrá ser amado. Siéntase abierto y receptivo ante el amor.

En la infinitud de la vida, donde estoy,
todo es perfecto, completo y entero.
Vivo en armonía y equilibrio con todos los seres
que conozco.
En el centro profundo de mi ser hay una fuente
de amor infinita.
Ahora dejo que ese amor fluya a la superficie,
que me llene el corazón, el cuerpo, la mente, la conciencia
y la totalidad de mi ser, y que desde mí irradie
en todas direcciones
y vuelva a mí multiplicado.
Cuanto más amor uso y doy, más tengo para dar,
porque la provisión es inagotable.
La donación de amor hace que me sienta bien,
porque es una expresión
de mi júbilo interior. Porque me amo
cuido amorosamente mi cuerpo.
Con amor lo alimento con productos sanos y beneficiosos,
lo cuido y lo visto con amor, y mi cuerpo
con amor me responde vibrante de salud y energía.
Porque me amo, me ofrezco un hogar confortable,
que satisface todas mis necesidades,
y donde estar es un placer.
Lleno las habitaciones con la vibración del amor,
para que todos los que entramos en ellas
percibamos ese amor
y podamos alimentarnos de él.
Porque me amo, tengo un trabajo que realmente
disfruto haciendo y donde pongo en juego mi talento
y mi capacidad creativa,

trabajando con y para gente que amo y que me ama
y obteniendo buenos ingresos.
Porque me amo, pienso y me conduzco afectuosamente
con todas las personas, porque sé que aquello que les doy
vuelve a mí multiplicado.
A mi mundo atraigo solamente a gente que me ama,
porque es un reflejo de lo que yo soy.
Porque me amo, perdono y renuncio totalmente al pasado,
a toda experiencia pasada, y soy libre.
Porque me amo, vivo totalmente en el ahora,
sintiendo que cada momento es bueno,
y sabiendo que mi futuro
es resplandeciente, jubiloso y seguro
porque soy una criatura amada del Universo
y el Universo amorosamente se ocupa de mí,
ahora y por siempre jamás. Todo está bien en mi mundo.

Capítulo 11

EL TRABAJO

«Todo lo que hago me gratifica profundamente.»

¿No le encantaría que la afirmación precedente fuera válida para usted? Quizás haya estado limitándose a pensar cosas como:

No puedo aguantar este trabajo.

Me enferma mi jefe.

Lo que gano no me alcanza.

En mi trabajo no me aprecian.

No puedo entenderme con mis compañeros de trabajo.

No sé qué es lo que quiero hacer.

Todo eso es pensamiento negativo y defensivo. ¿Acaso cree que pensando así llegará a conseguir un buen trabajo? Eso es abordar equivocadamente el asunto.

Si tiene un trabajo que no le interesa, si quiere conseguir otro o tiene problemas laborales, incluso si está sin trabajo, la mejor manera de encarar la cosa es ésta:

Empiece por bendecir con amor la situación en que se encuentra. Reconozca que eso no es más que un paso en su camino. Si está donde está, es debido a sus propios modelos mentales. Si los demás no lo tratan como a usted le gustaría que lo trataran, quiere decir que en su conciencia hay algo que provoca ese comportamiento. Entonces, mentalmente, contemple su trabajo actual –o el último que tuvo si es que en estos momentos está sin empleo– y comience a bendecirlo todo con amor: el edificio, el ascensor o las escaleras, las habitaciones, los muebles y demás accesorios, la gente para quien trabaja y las personas con quienes trabaja... los clientes, hasta el último de ellos.

Empiece a afirmar para sus adentros que siempre trabaja para unos jefes estupendos, que su jefe lo trata con respeto y cortesía, y que es un hombre generoso, con quien da gusto trabajar. Esto se convertirá para usted en un «suma y sigue» positivo que le acompañará toda la vida, y si a su vez llega a ser jefe, será precisamente un jefe así.

Un joven cliente mío, a punto de estrenarse en un trabajo, estaba sumamente nervioso.

–¿Por qué no ha de irle bien? –recuerdo haberle preguntado–. Pues, *claro* que tendrá éxito. Abra su corazón y deje que su talento fluya. Bendiga con amor su lugar de trabajo, bendiga a las personas con quienes trabaja y a aquellas para quienes trabaja, y también a todos sus clientes, y todo andará bien.

Lo hizo, y con gran éxito.

Si lo que quiere es dejar su trabajo, empiece afirmando que se lo deja con amor a la persona que haya de sucederle, que estará encantada de obtenerlo. Tenga la seguridad de que en el mundo hay personas que buscan exactamente lo que usted puede ofrecer, y de que ellas y usted están a punto de encontrarse en el tablero de la vida.

Afirmaciones para el trabajo

«Estoy totalmente abierto (o abierta) y en disposición de aceptar un trabajo nuevo, maravilloso, donde tengan cabida todo mi talento y mis capacidades, y que me permita expresarme creativamente de maneras que me gratifiquen. Trabajo con y para personas a quienes quiero, y que a su vez me quieren y me respetan, en un lugar estupendo y con unos ingresos excelentes.»

Si en su trabajo hay alguien que le molesta o le preocupa, bendiga con amor a esa persona cada vez que piense en ella. En todos y cada uno de nosotros existen todas y cada una de las posibilidades humanas. *Aunque decidamos que no queremos serlo, todos somos capaces de ser un Hitler o una Madre*

Teresa. Si esa persona es criticona, afirme que es comprensiva y elogiadora. Si es gruñona, afirme que es alegre y que tenerla cerca es un placer. Si es cruel, afirme que es tierna y compasiva. De este modo, al final esa persona terminará por mostrarle sus buenas cualidades, independientemente de cómo se conduzca con los demás.

Ejemplo

Su nuevo trabajo era tocar el piano en un club donde el jefe tenía fama de ser un hombre mezquino y cruel, hasta el punto de que los empleados solían referirse a él llamándolo «Drácula». El muchacho me preguntó cómo conducirse en esa situación.

–Dentro de cada uno de nosotros están todas las buenas cualidades –le respondí–. No importa cómo reaccionen los demás ante él; eso no tiene nada que ver con usted. Cada vez que piense en ese hombre, bendígalo con amor y afirme para sus adentros que usted siempre trabaja para gente estupenda. Hágalo así en todo momento, sin rendirse.

Mi cliente siguió mi consejo al pie de la letra. Pronto el jefe empezó a saludarlo afectuosamente, a concederle pagas extraordinarias, y finalmente lo contrató para tocar en otros clubes. En cambio, siguió maltratando a los demás empleados, que continuaban enviándole mensajes negativos.

Si le gusta su trabajo, pero siente que no está suficientemente bien pagado, empiece a bendecir con amor su salario actual. Al expresar gratitud por lo que ya tenemos, propiciamos que aumente. Afirme que está abriendo su conciencia a una mayor prosperidad, y que *parte* de esa prosperidad es un aumento de salario. Afirme que se merece un aumento, no por razones negativas sino porque usted es muy valioso dentro de la compañía, y sus jefes quieren compartir con usted los beneficios. Y en el trabajo desempéñese siempre lo mejor que pueda, porque entonces el Universo sabrá que está preparado para abandonar el sitio donde se encuentra y pasar a un lugar mejor.

Su conciencia lo puso en el sitio donde ahora se encuentra, y será ella quien lo mantenga allí o lo conduzca a un lugar mejor. De usted depende.

En la infinitud de la vida, donde estoy,
todo es perfecto, completo y entero.
El talento creativo y la capacidad que me son propios
fluyen de mí libremente,
y se expresan de forma profundamente gratificante.
En el mundo siempre hay gente en busca de mis servicios,
y yo siempre puedo elegir aquello que más me gusta hacer.
Me gano bien la vida haciendo algo que me complace,
y para mí el trabajo es fuente de júbilo y placer.
Todo está bien en mi mundo.

Capítulo 12

EL EXITO

«Toda experiencia es un éxito.»

De todos modos, ¿qué significa «fracaso»? ¿Quiere decir que algo no le salió como usted quería o esperaba que le saliera? La ley de la experiencia es siempre perfecta. Siempre vamos más allá de nuestras expectativas y creencias, y usted debe de haberse saltado un paso, o quizás albergaba alguna creencia que le decía que no era merecedor de..., o tal vez se sentía indigno.

Es lo mismo que cuando trabajo con el ordenador. Si hay algún error, es siempre mío. Es que he hecho algo que no compagina con las leyes del ordenador, y eso sólo significa que aún me quedan cosas por aprender.

¡Qué sabio es el viejo precepto: «Si no aciertas la primera vez, vuelve a intentarlo»! Pero eso no significa agotarse insistiendo en lo mismo que ya falló, sino reconocer el error e insistir de otra manera, hasta que uno aprenda a hacerlo correctamente.

Creo que simplemente por haber nacido tenemos el derecho de ir de éxito en éxito por la vida. Y si no lo estamos haciendo, es porque no sintonizamos con nuestras capacidades innatas, o porque no reconocemos nuestros éxitos.

Cuando nos ponemos metas que están mucho más allá de lo que podemos alcanzar por el momento, metas a las que no somos capaces de llegar ahora mismo, fracasamos siempre.

Cuando un niño está aprendiendo a caminar o a hablar, lo

estimulamos y elogiamos por todos sus progresos, hasta por los más pequeños. Y el niño, resplandeciente de orgullo, procura ansiosamente hacerlo mejor. ¿Es ésa la forma en que usted se estimula cuando está aprendiendo algo nuevo, o se dificulta el aprendizaje tratándose de estúpido y torpe o diciéndose que es un «fracaso»?

Muchos actores y actrices tienen la sensación de que su actuación ya tiene que ser perfecta en el primer ensayo. Yo les llamo la atención sobre el hecho de que el propósito de los ensayos es aprender. En ellos se cometen errores, se prueba de nuevo y se aprende. Sólo practicando y volviendo a practicar podemos aprender lo nuevo y convertirlo en una parte natural de nosotros. Cuando observamos el trabajo de un verdadero profesional, en el campo que sea, estamos viendo el resultado de innumerables horas de práctica.

No haga nunca lo que yo solía hacer: me negaba a intentar nada nuevo porque no sabía cómo se hacía, y no quería parecer una tonta. Aprender es, precisamente, cometer errores hasta que nuestra mente subconsciente consigue armonizar los elementos adecuados.

No importa cuánto tiempo se haya pasado usted pensando que es un «fracaso»; ahora puede empezar a trazarse su propio patrón para el «éxito». No importa en qué campo quiera desempeñarse. Los principios son los mismos: es necesario plantar las «semillas» del éxito, y ellas crecerán hasta darnos una abundante cosecha.

Aquí tiene algunas «afirmaciones para el éxito» que pueden serle útiles:

La Inteligencia Divina me da todas las ideas que necesito.
Todo lo que hago es un éxito.
Hay de todo para todos, incluso para mí.
Muchísima gente necesita mis servicios.
Me asocio al club de los triunfadores.
Las bendiciones que me colman exceden mis mejores sueños.

Soy un imán que atrae toda clase de prosperidad y riquezas.

Para mí hay oportunidades doradas por doquier.

Escoja una de las afirmaciones anteriores y repítala durante varios días. Después haga lo mismo con otra. Deje que esas ideas se difundan en su conciencia, y no se preocupe por «cómo» logrará todo eso; las oportunidades vendrán a su encuentro. Confíe en que su inteligencia interior se ocupará del asunto y será su guía. Usted se merece ser un éxito en todos los aspectos de su vida.

En la infinitud de la vida, donde estoy,
todo es perfecto, completo y entero.
Formo parte del Poder que me ha creado.
Dentro de mí llevo todos los ingredientes del éxito,
y ahora permito que su fórmula fluya a través mío
y se manifieste en mi mundo.
Todo aquello que sienta que debo hacer será un éxito.
De todas mis experiencias aprendo
y voy de triunfo en triunfo y de gloria en gloria.
Mi camino está formado por los escalones
que llevan al éxito.
Todo está bien en mi mundo.

Capítulo 13

LA PROSPERIDAD

«Me merezco lo mejor y lo acepto, ahora mismo.»

Si desea que la afirmación que antecede sea válida para usted, no querrá dar crédito a ninguno de los siguientes enunciados:

El dinero no crece en los árboles.
El dinero es sucio.
El dinero es malo.
Soy pobre pero honrado.
Los ricos son unos ladrones.
No quiero enriquecerme y engreírme.
Jamás conseguiré un buen trabajo.
Nunca llegaré a hacer dinero.
El dinero se va con más rapidez de lo que llega.
Siempre tengo deudas.
Los pobres nunca pueden levantar cabeza.
Mis padres eran pobres y yo también lo soy.
Los artistas vivimos luchando.
Sólo los estafadores tienen dinero.
Todos están antes que yo.
Oh, yo no podría cobrar tanto.
No me lo merezco.
Yo no sirvo para hacer dinero.
Nunca le digo a nadie lo que tengo en el banco.
No háy que prestar dinero.
Pesetà ahorrada, peseta ganada.

Hay que ahorrar para los días malos.
En cualquier momento puede sobrevivir una crisis.
Me enferma la gente que tiene dinero.
Parà ganar dinero hay que trabajar mucho.

¿Cuántas de' esas creencias suscribe usted? ¿Piensa realmente que compartir alguna de ellas le traerá prosperidad?

Esa es una manera de pensar antigua y limitada. Quizá fuera lo que creía su familia respecto del dinero, porque las creencias familiares se nos quedan pegadas, a menos que nos liberemos conscientemente de ellas. Pero no importa de dónde venga: debe desaparecer de su conciencia si quiere prosperar.

Para mí, la verdadera prosperidad comienza cuando uno se siente bien consigo mismo. Es también la libertad de hacer lo que uno quiere, y cuando quiere. No es nunca una suma de dinero: es un estado de ánimo. La prosperidad (o su ausencia) es una expresión externa de las ideas que hay en su mente.

El merecimiento

Si no aceptamos la idea de que «merecemos» prosperar, entonces, aun cuando los dones nos lluevan, encontraremos la manera de rechazarlos. Por ejemplo:

Un alumno mío estaba trabajando pa:a aumentar su prosperidad, y una noche llegó a clase emocionadísimo porque acababa de ganar quinientos dólares.

–¡No me lo puedo creer! –repetía–. ¡Si yo jamás gano nada!

Todos sabíamos que aquello era el reflejo de un cambio en su conciencia, pero él seguía sintiendo que en realidad no se lo merecía. La semana siguiente no pudo venir a clase porque se había roto una pierna. Las facturas por atención médica ascendieron a quinientos dólares.

Como había tenido miedo de «avanzar» por una nueva «senda de prosperidad», y sentía que eso no era mérito suyo, se había castigado de aquella manera.

Aquello en lo que usted se concentre es lo que aumenta, de modo que no se concentre en las cuentas que tiene que pagar. Si se concentra en la estrechez y en las deudas, generará más estrechez y más deudas.

En el Universo hay una provisión inagotable, empiece a darse cuenta de eso. Tómese su tiempo para contar las estrellas en una noche despejada, o los granos de arena que caben en un puñado, las hojas que hay en una rama de un árbol, las gotas de lluvia que resbalan por el cristal de la ventana o las semillas de un tomate. Cada semilla es capaz de producir una planta completa, con una infinidad de tomates. Agradezca lo que tiene, y ya verá cómo aumenta. A mí me gusta bendecir con amor todo lo que hay actualmente en mi vida: mi hogar, la calefacción, el agua, la luz, el teléfono, los muebles, las cañerías, los diversos utensilios, la ropa, el coche, mi trabajo..., el dinero que tengo, los amigos, mi capacidad para ver, sentir, saborear, tocar, caminar y disfrutar de este planeta increíble.

Lo único que nos limita es nuestra propia creencia en las carencias y limitaciones. A usted, ¿qué creencia lo está limitando?

Si quiere tener dinero sólo para ayudar a otros, entonces está diciendo que usted no se lo merece.

Asegúrese de que no está rechazando la prosperidad. Si un amigo lo invita a almorzar o a cenar, acepte jubilosamente, con placer. No sienta que lo único que hace es un «intercambio» con la gente. Si le regalan algo, acéptelo con señorial agradecimiento. Si es algo que no puede usar, déselo a alguien. Déjese actuar como un canal por donde circulan las cosas. Limítese a sonreír y a dar las gracias. De esa manera hará que el Universo sepa que usted está en disposición de recibir sus bienes.

Haga lugar para lo nuevo

Sí, haga lugar para lo nuevo. Vacíe el frigorífico, tire todos esos restos envueltos en papel de aluminio. Limpie los armarios, deshágase de todo lo que no haya usado en los últimos seis meses. Y si hace un año que no lo usa, decididamente eso está de más en su casa, así que véndalo, cámbielo, regálelo o quémelo.

Los armarios atestados y desordenados reflejan una mente
en desorden. Mientras limpia los armarios, dígase que está
limpiando sus armarios mentales. Al Universo le encantan
los gestos simbólicos.

La primera vez que oí decir que la abundancia del Universo está al alcance de todos, pensé que era una ridiculez.

–No hay más que mirar la pobreza que nos rodea –me
dije–. Y mirar mi propia pobreza.

Que me dijeran que mi pobreza no era más que una creencia mía, una actitud de mi conciencia, me ponía furiosa, y
necesité años para entender y aceptar que la única responsable de mi falta de prosperidad era yo. Como creía que era
«indigna» y que «no me lo merecía», que «el dinero había
que ganarlo con esfuerzo» y que «yo no era capaz de...»,
me mantenía inmovilizada en un sistema mental de «no
tener».

¡El dinero es lo que más fácilmente se materializa! ¿Cómo
reacciona usted ante esta afirmación? ¿Se lo cree? ¿Se enfada? ¿Lo deja indiferente? ¿Le dan ganas de tirar el libro
contra la pared? Si tiene cualquiera de estas reacciones, *¡perfecto!* Entonces he conseguido tocar algo muy profundo que
hay dentro de usted, el punto mismo de su resistencia a la
verdad. Ese es el terreno en que tiene que trabajar. Es hora
de que se abra su potencial de recibir ese caudal de dinero y
de toda clase de bienes.

Acepte con amor las facturas

Es esencial que dejemos de preocuparnos por el dinero y
de protestar por las facturas que nos llegan. Mucha gente
reacciona como si las facturas fueran castigos que hay que
evitar si es posible. Una factura es un reconocimiento de
nuestra capacidad de pago. El acreedor da por sentado que
usted puede permitírselo, y le proporciona el servicio o el
producto antes de cobrárselo. Yo bendigo con amor todas las
facturas que llegan a mi casa. Bendigo con amor cada cheque
que firmo, y lo beso. Si usted paga con resentimiento, al dinero se le hace muy difícil volver. Si paga con amor y alegría,

abre libremente las compuertas del canal de la abundancia. Trate al dinero como a un amigo y no simplemente como algo que uno se mete en el bolsillo.

Su seguridad no reside en su trabajo ni en su cuenta corriente, ni tampoco en sus inversiones, en su cónyuge o en sus padres. Su seguridad reside en su capacidad para conectarse con el poder cósmico que crea todas las cosas.

A mí me gusta pensar que el poder que hay dentro de mí y que respira en mi cuerpo es el mismo que me proporciona todo lo que necesito, y con la misma facilidad, con igual simplicidad. El Universo es pródigo y abundante, y por haber nacido tenemos derecho a que se nos proporcione todo lo que necesitamos, a menos que nosotros optemos por creer lo contrario.

Yo bendigo el teléfono cada vez que lo uso, y con frecuencia afirmo que sólo me trae prosperidad y expresiones de amor. Lo mismo hago con el buzón de mi casa, y cada día está lleno a rebosar de dinero y de toda clase de cartas afectuosas de amigos y clientes, y de lectores lejanos de mi primer libro. Y me regocijo por las facturas que me llegan, agradeciendo a las empresas su confianza en que les pagaré. Bendigo el timbre y la puerta de mi casa, porque sé que todo lo que por ellos me llega es bueno. Espero que mi vida sea buena y jubilosa, y lo es.

Estas ideas sirven para todo el mundo

El hombre era un gigoló y vino a pedirme una sesión porque quería aumentar sus ingresos. Sabía que era bueno en su actividad y quería ganar cien mil dólares al año. Le di las mismas ideas que le estoy dando a usted y no tardó en tener dinero para comprarse porcelanas chinas. Pasaba mucho tiempo en su casa porque quería disfrutar de los resultados de sus inversiones siempre crecientes.

Regocíjese por la buena suerte ajena

No postergue su propia prosperidad con celos o resentimientos porque haya otras personas que tengan más que usted. No critique la forma en que los demás gastan su dinero. Eso no es asunto suyo.

Cada persona está bajo la ley de su propia conciencia. Usted limítese a ocuparse de sus propios pensamientos. Bendiga la buena suerte ajena, y sepa que hay con creces para todos.

¿Es usted mezquino con las propinas? ¿Se saca de encima a la señora que limpia los lavabos espetándole alguna moraleja? En la Navidad, ¿hace caso omiso del portero de su casa o de su despacho? ¿Escatima sin necesidad las pesetas comprando verdura del día anterior? ¿Hace la compra en las tiendas más baratas? En los restaurantes, ¿pide siempre los platos más baratos de la carta?

Hay una ley «de la demanda y la oferta» (sí, no me he equivocado, la demanda está en primer lugar). El dinero tiene una manera propia de acudir a donde se lo necesita. La más pobre de las familias puede casi siempre reunir el dinero necesario para un funeral.

Visualización – El océano de la abundancia

Su conciencia de la prosperidad no depende del dinero; es el dinero que hacia usted afluye lo que depende de su conciencia de la prosperidad.

A medida que usted pueda concebir un aflujo mayor, más será lo que llegue a su vida.

Una visualización que me gusta es imaginarme de pie en la playa, mirando la vastedad del océano con pleno conocimiento de que ese océano es la abundancia que está disponible para mí. Mírese las manos y vea qué tipo de recipiente sostienen. ¿Una cucharilla, un dedal agujereado, un vaso de papel, una taza, un vaso de whisky, una jarra, un cubo, una bañera de bebé... o quizás usted tiene una cañería que lo conecta con ese océano de abundancia? Mire a su alrededor y fíjese que por más personas que haya, y sean cuales fueren los recipientes que tengan, hay de sobra para todos. Usted no puede despojar a nadie, ni nadie puede despojarlo. Y por más que hagan no podrán agotar el océano. Su recipiente es su conciencia, y siempre puede cambiarlo por uno mayor. Haga con frecuencia este ejercicio para obtener una sensación de expansión y de oferta ilimitada.

Abra los brazos

Por lo menos una vez al día, me siento con los brazos extendidos a los costados y digo: «Estoy abierta para todo el bien y toda la abundancia del Universo.» Eso me da una sensación de expansión.

El Universo sólo puede darme aquello de lo que tengo conciencia, y *siempre* puedo crear más en mi conciencia. Es como un banco cósmico, donde hago ingresos mentales incrementando la conciencia que tengo de mi propia capacidad creadora. La meditación, los tratamientos y las afirmaciones son ingresos mentales. Es menester crearnos el hábito de hacer a diario ese tipo de ingresos.

No basta simplemente con tener más dinero. Lo importante es disfrutar de él. Usted, ¿se permite sentir placer con el dinero? Si no, ¿por qué no? Una parte de todo lo que ingresa puede dedicarla al puro placer. La semana pasada, ¿hizo con su dinero algo que le gustara? ¿Por qué no? ¿Qué antigua creencia se lo estaba impidiendo? Renuncie a ella.

El dinero no tiene por qué ser un asunto serio en su vida. Póngalo en la perspectiva adecuada. Es un medio de intercambio y nada más. ¿Qué haría usted, y qué tendría, si no necesitara dinero?

Jerry Gilles, el autor de *Money Love* (Amor al dinero), uno de los mejores libros sobre este tema que he leído, sugiere que nos impongamos una «multa a la pobreza». Cada vez que pensemos o digamos algo negativo sobre nuestra situación monetaria, cobrémonos cierta cantidad y dejémosla aparte. Al finalizar la semana, tenemos que gastar ese dinero en algo que nos dé placer.

Es menester desempolvar nuestros conceptos sobre el dinero. He comprobado que provoca menos resistencias un seminario sobre la sexualidad que sobre el dinero. La gente se enoja muchísimo cuando se cuestionan sus creencias referentes al dinero. Incluso las personas que acuden al seminario porque necesitan desesperadamente llegar a tener más dinero se enfurecen cuando intento hacerles cambiar las creencias que las limitan.

«Estoy dispuesto a cambiar.» «Estoy dispuesto a renunciar a mis antiguas creencias negativas.» A veces tenemos que trabajar mucho con estas dos afirmaciones para poder abrir un espacio desde donde empezar a crear la prosperidad.

Es preciso que nos liberemos de la mentalidad del «ingreso fijo». No ponga límites al Universo insistiendo en que usted tiene «solamente» cierto salario o nivel de ingresos. Ese salario o esos ingresos *son un canal; no son su fuente.* Su provisión viene de una única fuente, que es el Universo.

Hay un número infinito de canales, y debemos abrirnos a ellos. Debemos aceptar en nuestra conciencia que esa provisión puede provenir de cualquier parte, y de todas partes. Entonces, cuando andemos por la calle y nos encontremos una moneda, le daremos las gracias a la fuente. Quizás el don sea pequeño, pero el hecho de haberlo recibido significa que nuevos canales están empezando a abrirse.

«Me abro para recibir nuevas fuentes de ingresos.»

«Ahora recibo mi bien tanto de fuentes habituales como inesperadas.»

«Soy un ser ilimitado que acepta de forma ilimitada los bienes provenientes de una fuente ilimitada.»

Regocíjese por los gérmenes de un comienzo nuevo

Cuando trabajamos para incrementar la prosperidad, lo que ganamos concuerda siempre con lo que consideramos nuestros merecimientos. Una escritora vino a verme con el fin de aumentar sus ingresos, y una de sus afirmaciones era: «Estoy ganando mucho dinero como escritora.» Tres días después de empezar a trabajar conmigo, entró en la cafetería donde solía desayunar, se sentó y comenzó a escribir. Entonces se le acercó el dueño a preguntarle si era escritora, y si querría hacer algo para él. Después le trajo varias tarjetitas del establecimiento y le pidió que escribiera en ellas: «Plato combinado especial: 3,95 dólares.» A cambio de ello, le sirvió el desayuno gratuitamente.

Aquella pequeñez hizo que mi clienta advirtiera el comienzo de su cambio de conciencia, tras lo cual empezó a vender bien sus libros.

Reconozca la prosperidad

Empiece a reconocer la prosperidad allí donde la vea, y a alegrarse de ella. Un conocido predicador evangelista de la ciudad de Nueva York recuerda que en su época de pobreza solía pasar, a pie, junto a buenos restaurantes, casas y automóviles lujosos y tiendas elegantes, diciendo en voz alta: «Todo esto es para mí, todo esto es para mí.» Permítase sacar placer de toda clase de mansiones suntuosas, bancos, grandes almacenes, establecimientos de lujo... y, ¿por qué no?, también yates. Reconozca que todo eso es parte de *su* abundancia, y recuerde que usted está incrementando su conciencia para poder participar de esas cosas si así lo desea. Si ve gente bien vestida, dígase: «¡Qué maravilla que tengan semejante abundancia! Realmente, hay de sobra para todos.»

No queramos solamente el bien de los demás. Queramos también nuestro *propio* bien.

Sin embargo, no somos dueños de nada. Sólo usamos nuestras posesiones durante cierto tiempo, hasta que pasan a otra persona. Hay posesiones que pueden quedar en una familia durante varias generaciones, pero eso también tiene su final. En la vida hay un ritmo y una fluencia naturales. Las cosas vienen y se van. Y creo que cuando algo se va, es sólo para dejar lugar a algo nuevo y mejor.

Acepte los cumplidos

Muchísimas personas quieren ser ricas, y, sin embargo, no quieren aceptar un cumplido. Conozco a actores y actrices que quieren llegar al «estrellato» y, sin embargo, no saben aceptar un cumplido sin encogerse.

Los cumplidos son donaciones de prosperidad y hay que aprender a aceptarlos con naturalidad y gracia. Cuando era niña, mi madre me enseñó a sonreír y dar las gracias cuando me hacían un cumplido o un regalo, y esa costumbre me ha beneficiado durante toda la vida.

Mejor aún es aceptar el cumplido y devolverlo, para que la otra persona se sienta también como si le hubieran hecho un regalo. Es una manera de mantener en marcha el intercambio de bienes.

Regocíjese de la abundancia que representa despertarse cada mañana frente a la experiencia de un nuevo día. Alégrese de vivir, de estar sano, de tener amigos, de ser creativo, de ser un ejemplo viviente de la alegría de vivir. Viva con su conciencia a tope, y disfrute con el proceso de su transformación.

En la infinitud de la vida, donde estoy,
todo es perfecto, completo y entero.
Formo parte del Poder que me ha creado,
y me abro totalmente para recibir la abundante corriente
de prosperidad que me ofrece el Universo.
Mis necesidades y deseos me satisfacen todos
sin haberlo pedido siquiera.
Con la guía y la protección de lo Divino,
elijo siempre aquello que me beneficia.
Me regocijan los éxitos ajenos,
porque sé que hay de sobra para todos.
Constantemente aumento mi conciencia de la abundancia
y esto se refleja en ingresos cada vez mayores.
Mi bien proviene de todos y de todas partes.
Todo está bien en mi mundo.

Capítulo 14

EL CUERPO

«Con amor escucho los mensajes de mi cuerpo.»

Estoy convencida de que nosotros mismos creamos todo lo que llamamos «enfermedad». El cuerpo, como todo en la vida, es un espejo de nuestras ideas y creencias. El cuerpo está siempre hablándonos; sólo falta que nos molestemos en escucharlo. Cada célula de su cuerpo responde a cada una de las cosas que usted piensa y a cada palabra que dice.

Cuando un modo de hablar y de pensar se hace continuo, termina expresándose en comportamientos y posturas corporales, en formas de estar y de «mal estar». La persona que tiene continuamente un gesto ceñudo no se lo creó teniendo ideas alegres ni sentimientos de amor. La cara y el cuerpo de los ancianos muestra con toda claridad la forma en que han pensado durante toda una vida. ¿Qué cara tendrá usted a los ochenta años?

En este capítulo no sólo incluyo mi lista de «modelos mentales probables» que crean enfermedades en el cuerpo, sino también los «nuevos modelos o afirmaciones mentales» que se han de usar para crear salud, y que ya aparecieron en mi libro *Curar el cuerpo*. Además de estas breves enumeraciones, me detendré en algunas de las afecciones más comunes, para darles una idea de cómo nos creamos estos problemas.

No todos los equivalentes mentales son válidos en un ciento por ciento para todos. Sin embargo, nos servirán como punto de referencia para comenzar a buscar la causa de la enfermedad. En Estados Unidos muchas personas que trabajan en el campo de las terapias alternativas usan mi libro *Curar el cuerpo* en su trabajo cotidiano, y encuentran que las causas mentales explican entre un noventa y un noventa y cinco por ciento de los casos.

* * *

La **cabeza** nos representa. Es lo que mostramos al mundo, la parte de nuestro cuerpo por la cual generalmente nos reconocen. Cuando algo anda mal en la región de la cabeza, suele significar que sentimos que algo anda mal en «nosotros».

El **pelo** representa la fuerza. Cuando estamos tensos y asustados, es frecuente que nos fabriquemos esas «bandas de acero» que se originan en los músculos de los hombros y desde allí suben a lo alto de la cabeza; a veces incluso rodean los ojos. El pelo crece desde los folículos pilosos, y cuando hay mucha tensión en el cuero cabelludo, puede estar sometido a una presión tal que no le deja respirar, provocando así su muerte y su caída. Si la tensión se mantiene y el cuero cabelludo no se relaja, el folículo sigue estando tan tenso que el pelo nuevo no puede salir, y el resultado es la calvicie.

En las mujeres, la calvicie ha ido en aumento desde que empezaron a entrar en el «mundo de los negocios», con todas sus tensiones y frustraciones, aunque no se hace tan evidente en ellas porque las pelucas para mujeres son sumamente naturales y atractivas. Lamentablemente, los postizos masculinos todavía son demasiado visibles desde bastante lejos.

Estar tenso no es ser fuerte. La tensión es debilidad. Estar relajado, centrado y sereno, eso es ser realmente fuerte. Sería bueno que todos relajásemos más el cuerpo, y muchos necesitamos también relajar el cuero cabelludo.

Inténtelo. Dígale a su cuero cabelludo que se relaje, y observe si hay alguna diferencia. Si tiene una sensación perceptible de relajación, yo le diría que practique con frecuencia este ejercicio.

Los **oídos** representan la capacidad de oír. Cuando hay problemas con los oídos, eso suele significar que a uno le está pasando algo de lo que no se quiere enterar. El dolor de oídos indica que lo que se oye provoca enfado.

Se trata de un dolor común en los niños, que a menudo tienen que oír en casa cosas que realmente no quieren escuchar. Con frecuencia, las normas de la casa prohíben a los niños expresar su enojo, y su incapacidad para cambiar las cosas les provoca el dolor de oídos.

La sordera representa una negativa, que puede venir de mucho tiempo atrás, a escuchar a alguien. Observen que cuando un miembro de una pareja es «duro de oído», generalmente el otro es charlatán.

Los **ojos** representan la capacidad de ver, y cuando tenemos problemas con ellos eso significa, generalmente, que hay algo que no queremos ver, ya sea en nosotros o en la vida, pasada, presente o futura.

Siempre que veo niños pequeños que usan gafas, sé que en la casa está pasando algo que ellos no quieren mirar. Y ya que no pueden cambiar la situación, encuentran la manera de no verla con tanta claridad.

Muchas personas han tenido experiencias de curación impresionantes cuando se han mostrado dispuestas a retroceder en el pasado para hacer una «limpieza», y tirar aquello que no querían ver uno o dos años antes de que tuvieran que empezar a usar las gafas.

¿No estará usted negando algo que sucede en su presente? ¿Qué es lo que no quiere enfrentar? ¿Tiene miedo de contemplar el presente o el futuro? Si pudiera ver con claridad, ¿qué vería que ahora no ve? ¿Puede ver lo que está haciéndose a sí mismo?

Sería interesante considerar estas preguntas.

Los **dolores de cabeza** provienen del hecho de desautorizarnos a nosotros mismos. La próxima vez que le duela la cabeza, deténgase a pensar cómo y cuándo ha sido injusto con usted mismo. Perdónese, no piense más en el asunto, y el dolor de cabeza volverá a disolverse en la nada de donde salió.

Las migrañas o jaquecas se las crean las personas que quieren ser perfectas y que se imponen a sí mismas una presión excesiva. En ellas está en juego una intensa cólera reprimida. Es interesante señalar que casi siempre una migraña se puede aliviar masturbándose, si uno lo hace tan pronto como el dolor se inicia. La descarga sexual disuelve la tensión y, por lo tanto, el dolor. Tal vez a usted no le apetezca masturbarse en ese momento, pero vale la pena probarlo. No se pierde nada.

Los problemas en los **senos** paranasales, que se manifiestan en la cara, en la zona más próxima a la nariz, significan que a uno lo irrita alguien que es una presencia muy próxima en su vida. Hasta es posible que sienta que esa persona lo está sofocando o aplastando.

Empezamos por olvidarnos de que las situaciones las creamos nosotros, y entonces abdicamos de nuestro poder, culpando a otra persona de nuestra frustración. No hay persona, lugar ni cosa que tenga poder alguno sobre nosotros, porque en nuestra mente la única entidad pensante somos *nosotros*. Nosotros creamos nuestras experiencias, nuestra realidad y todo lo que hay en ella. Cuando creamos en nuestra mente paz, armonía y equilibrio, eso es lo que encontramos en la vida.

El **cuello** y la **garganta** son fascinantes porque es mucho lo que pasa en esa zona. El cuello representa la capacidad de ser flexibles en nuestra manera de pensar, de ver los diversos aspectos de una cuestión y de aceptar que otras personas tengan puntos de vista diferentes. Cuando hay problemas con el cuello, generalmente significan que nos hemos «atrincherado» en nuestro concepto de una situación.

Cada vez que veo a alguien que lleva uno de esos «cuellos» ortopédicos, sé que es una persona muy presuntuosa, que se obstina en no ver el otro lado de las cosas.

Virginia Satir, una brillante terapeuta estadounidense, dice que tras algunas investigaciones «caseras» descubrió que hay más de 250 maneras diferentes de fregar platos, que dependen de quién los friegue y de lo que use. Si nos empeñamos en creer que no hay más que «una manera» o «un solo punto de vista», estamos cerrando una puerta que deja fuera la mayor parte de la vida.

La **garganta** representa nuestra capacidad de «defendernos» verbalmente, de pedir lo que queremos, de decir «yo soy», etcétera. Cuando tenemos problemas con ella, eso significa generalmente que no nos sentimos con derecho a hacer esas cosas. Nos sentimos inadecuados para hacernos valer.

El dolor de garganta es siempre enfado. Si además hay un resfriado, existe también confusión mental. La **laringitis** significa generalmente que uno está tan enojado que no puede hablar.

La garganta representa también el fluir de la creatividad en nuestro cuerpo. Es el lugar del cuerpo donde expresamos nuestra creatividad, y cuando la frustramos y la sofocamos, es frecuente que tengamos problemas de garganta. Todos sabemos cuántas personas hay que viven toda su vida para los demás, sin hacer jamás lo que quieren. Siempre están complaciendo a madres, padres, cónyuges, amantes o jefes. La **amigdalitis** y los **problemas tiroideos** no son más que creatividad frustrada, incapaz de expresarse.

El centro energético situado en la garganta, el quinto *chakra,* es el lugar del cuerpo donde tiene lugar el cambio. Cuando nos resistimos al cambio, o nos encontramos en pleno cambio, o estamos intentando cambiar, es frecuente que tengamos mucha actividad en la garganta o cuando oiga toser a otra persona. Cuando tosa, pregúntese: «¿Qué es lo que se acaba de decir? ¿A qué estamos reaccionando? ¿Es resistencia y obstinación, o es que el proceso de cambio se está produciendo?» En mis seminarios, uso las toses como un medio de autodescubrimiento. Cada vez que alguien tose, hago que se toque la garganta y diga en voz alta: «Estoy dispuesto a cambiar» o «Estoy cambiando».

Los **brazos** representan nuestra habilidad y nuestra aptitud para abrazar las experiencias y vivencias de la vida. El brazo tiene que ver con las aptitudes, y el antebrazo con las habilidades. En las articulaciones almacenamos las viejas emociones, y los codos representan nuestra flexibilidad para cambiar de dirección. ¿Es usted flexible para cambiar de dirección en la vida, o las viejas emociones lo mantienen atascado en un mismo punto?

Las **manos** sujetan, sostienen, estrechan, aferran. Dejamos que las cosas se nos escurran de entre los dedos, o nos aferramos a ellas durante demasiado tiempo. Somos manirrotos, actuamos con mano dura, tenemos las manos de mantequilla, nos manejamos bien o somos incapaces de manejar nada.

Sujetamos algo por la manija, damos manotazos, castigamos a alguien por tener la mano larga o le echamos una mano, guardamos las cosas a mano, tenemos buena o mala mano, alguien es un manitas o nuestra mano derecha.

Las manos pueden ser suaves y flexibles o estar endurecidas y nudosas por exceso de cavilaciones o retorcidas por la artritis y el espíritu crítico. Las manos crispadas son las manos del miedo; miedo a perder, a no tener nunca lo suficiente, a que lo que se tiene se vaya si no lo sujetamos firmemente.

Aferrarse demasiado a una relación no sirve más que para hacer que la otra persona huya, desesperada. Las manos fuertemente crispadas no pueden recibir nada nuevo. Sacudir las manos libremente, sueltas desde las muñecas, da una sensación de aflojamiento y de apertura.

Lo que le pertenece no puede serle arrebatado, así que relájese.

Los **dedos** tienen cada uno su significado. Los problemas en los dedos nos dicen dónde hay necesidad de relajarse y desentenderse. Si se hace un corte en el índice, es probable que haya en usted algún temor relacionado con su yo en alguna situación presente. El pulgar es el dedo mental y representa las preocupaciones. El índice es el yo, y el miedo. El dedo del medio tiene que ver con el sexo y con la cólera. Cuando esté enojado, cójase el dedo del medio y verá cómo se disuelve el enojo. Coja el de la mano derecha si el enojo es con un hombre, y el de la mano izquierda si es con una mujer. El anular representa, a la vez, las uniones y el sufrimiento, y el meñique tiene que ver con la familia, y la falsedad.

La **espalda** representa nuestro sistema de apoyo. Tener problemas con ella significa generalmente que no nos sentimos apoyados, ya que con demasiada frecuencia creemos que sólo encontramos apoyo en nuestro trabajo, en la familia o en nuestra pareja, cuando en realidad contamos con el apoyo total del Universo, de la Vida misma.

La parte superior de la espalda tiene que ver con la sensación de no tener apoyo emocional. «Mi marido (mujer, amante, amigo o jefe) no me entiende o no me apoya.»

La parte media se relaciona con la culpa, con todo eso que dejamos a nuestras espaldas. ¿Tiene usted miedo de ver lo que hay allí detrás, a sus espaldas? ¿Quizá se lo está ocultando? ¿Se siente apuñalado por la espalda?

¿Se encuentra realmente agotado? Sus finanzas, ¿están hechas un lío, o usted se preocupa excesivamente por ellas? Entonces, es probable que tenga molestias en la zona lumbar. La causa está en la falta de dinero o el temor de no tener lo suficiente. La cantidad que usted tenga no tiene nada que ver con eso.

Hay tanta gente que siente que el dinero es lo más importante que hay en la vida, y que no podríamos vivir sin él... Pero eso no es cierto. Hay algo mucho más importante y más precioso para nosotros, sin lo cual no podríamos vivir. ¿Qué es? Pues, el aire.

El aire es la sustancia más preciosa para la vida, y sin embargo, cuando lo exhalamos estamos totalmente seguros de que habrá más aire para seguir respirando. Si no lo hubiera, no duraríamos ni tres minutos. Pues entonces, si el Poder que nos ha creado nos ha dado el aire y la capacidad de respirar suficientes para todo el tiempo que hayamos de vivir, ¿no podemos confiar en que también todas nuestras demás necesidades están previstas?

Los **pulmones** representan nuestra capacidad de recibir y dar vida. Los problemas pulmonares suelen significar que tenemos miedo de recibir la vida, o quizá que nos sentimos sin derecho a vivir plenamente.

Las mujeres se han caracterizado tradicionalmente por su respiración superficial, y con frecuencia se han considerado ciudadanas de segunda clase, que no tenían derecho a su propio espacio, y en ocasiones, ni a vivir siquiera. Hoy, todo eso está cambiando. Las mujeres están ocupando su lugar como miembros de pleno derecho en la sociedad, y están respirando plena y profundamente.

A mí me agrada verlas practicar deportes. Las mujeres siempre han trabajado en el campo, pero hasta donde yo sé, ésta es la primera vez en la historia que se han incorporado al mundo del deporte. Y es un placer ver cómo se forman esos cuerpos espléndidos.

El enfisema y el exceso de tabaco son dos formas de negar la vida que enmascaran un profundo sentimiento de ser totalmente indigno de existir. Los reproches no harán que nadie deje de fumar. Lo primero que tiene que cambiar es esa creencia básica.

Los **pechos** representan el principio de la maternidad. Cuando hay problemas con ellos, eso significa generalmente que nos estamos «pasando» en nuestro rol de madres, ya sea en relación con una persona, un lugar, una cosa o una experiencia.

Parte del proceso que exige el rol de madre es permitir que los hijos crezcan. Es necesario saber cuándo tenemos que cruzarnos de brazos, entregarles las riendas y dejarlos en paz. La persona sobreprotectora no prepara a los demás para enfrentar y manejar su propia experiencia. A veces hay situaciones en que con nuestra actitud dominante cortamos las agallas a nuestros hijos.

Si el problema es el cáncer, lo que está en juego es, además, un profundo resentimiento. Libérese del miedo, y sepa que en cada uno de nosotros reside la Inteligencia del Universo.

El **corazón** representa el amor, y la sangre el júbilo. El corazón es la bomba que, con amor, hace que el júbilo circule por nuestras venas. Cuando nos privamos del amor y el júbilo, el corazón se encoge y se enfría, y como resultado, la circulación se hace perezosa y vamos camino de la **anemia**, la **angina de pecho** y los **ataques cardíacos**.

Pero el corazón no nos «ataca». Somos nosotros los que nos enredamos hasta tal punto en los dramas que nos creamos que con frecuencia dejamos de prestar atención a las pequeñas alegrías que nos rodean. Nos pasamos años expulsando del corazón todo el júbilo, hasta que, literalmente, el dolor lo destroza. La gente que sufre ataques cardíacos nunca es gente alegre. Si no se toma el tiempo de apreciar los placeres de la vida, lo que hace es prepararse un «ataque al corazón».

Corazón de oro, corazón de piedra, corazón abierto, sin corazón, todo corazón... ¿cuál de estas expresiones es la que cree que se ajusta más a usted?

El **estómago** se lo traga todo, digiere las ideas y experiencias nuevas que tenemos. ¿Qué (o quién) es lo que usted no puede tragar? ¿Y lo que le revuelve el estómago?

Cuando hay problemas de estómago, eso significa generalmente que no sabemos cómo asimilar las nuevas experiencias: tenemos miedo.

Muchos recordamos aún la época en que empezaron a popularizarse los aviones comerciales. Eso de meternos en un gran tubo metálico que debía transportarnos sanos y salvos por el cielo era una idea nueva y difícil de asimilar.

En cada asiento había bolsas de papel para vomitar, y casi todos las usábamos, tan discretamente como podíamos, y se las entregábamos bien dobladitas a las azafatas, que se pasaban buena parte del tiempo recorriendo el pasillo para recogerlas.

Ahora, muchos años después, sigue habiendo bolsas en todos los asientos, pero rara vez alguien las usa, porque ya hemos asimilado la idea de volar.

Las **úlceras** no son más que miedo, un miedo tremendo de «no servir para». Tenemos miedo de no ser lo que quieren nuestros padres o de no contentar a nuestro jefe. No podemos tragarnos tal como somos, y nos desgarramos las entrañas tratando de complacer a los demás. Por más importante que sea nuestro trabajo, interiormente nuestra autoestima es bajísima, y constantemente nos acecha el miedo de que «nos descubran».

En este punto, la respuesta es el amor. La gente que se aprueba y se ama a sí misma jamás tiene úlceras. Sea dulce y bondadoso con el niño que lleva dentro, y ofrézcale todo el apoyo y estímulo que usted necesitaba cuando era pequeño.

Los **genitales** representan lo que hay de más femenino en una mujer, su feminidad, o lo que hay de más masculino en un hombre, su masculinidad; nuestro principio femenino o nuestro principio masculino.

Cuando no nos sentimos cómodos con nuestra condición de hombres o mujeres, cuando rechazamos nuestra sexualidad, cuando no aceptamos nuestro cuerpo por sucio o pecaminoso, es frecuente que tengamos problemas con la zona genital.

Rara vez me sucede encontrarme con una persona que haya sido criado en una casa en donde se llamara a los genitales y a sus funciones por su verdadero nombre. Todos crecimos rodeados de eufemismos. ¿Recuerda los que usaban en su casa? Pueden haber sido tan leves como «allí abajo», pero también pueden haber sido términos que le hacían sentir que sus genitales eran sucios y repugnantes. Sí, todos hemos crecido creyendo que entre las piernas teníamos algo que no estaba del todo bien.

En este sentido, la revolución sexual que estalló hace unos años fue algo positivo. Decidimos apartanos de la hipocresía victoriana y, de pronto, estaba bien tener varias parejas, y tanto las mujeres como los hombres podíamos tener aventuras de una sola noche. Los intercambios conyugales se hicieron más abiertos, y muchos empezamos a disfrutar, de una manera nueva y diferente, del placer y de la libertad del cuerpo.

Sin embargo, pocos pensamos en encararnos con lo que Roza Lamont, fundadora del Instituto de Comunicación Consigo Mismo, llama el «Dios de mamá». Sea lo que fuere lo que su madre le enseñó sobre Dios cuando usted tenía tres años, eso sigue estando en usted en un nivel subconsciente, *a menos* que conscientemente haya estado trabajando para liberarse de ello. ¿Era un Dios colérico y vengador? ¿Qué opinión tenía sobre los asuntos sexuales? Si todavía seguimos andando por el mundo con aquellos primeros sentimientos de culpa por nuestra sexualidad y nuestro cuerpo, seguramente iremos en busca de castigos.

Los problemas **anales** y de **vejiga**, las **vaginitis** y las afecciones del **pene** y de la **próstata** pertenecen todos a la misma dimensión, y provienen de falsas creencias referentes al cuerpo y a la «corrección» y la «propiedad» de sus funciones.

Cada uno de nuestros órganos es una magnífica expresión de la vida. Si no se nos ocurre pensar que los ojos o el hígado sean sucios o pecaminosos, ¿por qué hemos de pensarlo de nuestros genitales?

El ano es tan hermoso como el oído. Sin él no tendríamos manera de deshacernos de lo que el cuerpo ya no necesita, y muy pronto nos moriríamos. Cada parte y cada función de nuestro cuerpo es perfecta y normal, natural y hermosa.

A mis clientes con problemas sexuales les digo que empiecen a relacionarse con órganos como el recto, el pene o la vagina con un sentimiento de amor, apreciando sus funciones y su belleza. Y si usted comienza a ponerse tenso o a encolerizarse al leer esto, pregúntese por qué. ¿Quién le dijo que negase una parte cualquier de su cuerpo? Dios no, ciertamente. Nuestros órganos sexuales fueron creados no sólo para reproducirnos, sino también para darnos placer. Negar esto es crear sufrimiento y castigo. La sexualidad no sólo está bien; es algo glorioso, maravilloso. Es normal que usemos nuestros órganos sexuales, como lo es que respiremos o que comamos.

Por un momento, intente visualizar la vastedad del Universo. Es algo que excede nuestra comprensión. Ni siquiera los científicos más importantes, con los equipos más avanzados, pueden llegar a medir su tamaño. Dentro de este Universo hay muchísimas galaxias.

En una de las galaxias más pequeñas, en un rincón apartado, hay un sol muy de segundo orden, alrededor del cual giran unos cuantos granos de arena. Uno de ellos es el planeta Tierra.

A mí se me hace difícil creer que la vasta, increíble Inteligencia que creó la totalidad de este Universo no sea más que un anciano sentado sobre una nube, por encima de la Tierra, y que esté... ¡vigilando mis órganos sexuales!

Y, sin embargo, cuando éramos niños, a muchos nos enseñaron este concepto.

Es vital que nos liberemos de esas ideas tontas y pasadas de moda, que no nos sirven de apoyo ni nos alimentan. Yo siento con todas mis fuerzas la necesidad de creer que Dios está *con nosotros,* y no contra nosotros. Son tantas las religiones que hay para elegir, que si usted ahora tiene una que le dice que es un pecador y un gusano abominable, puede buscarse otra.

No estoy exhortando a la gente a que ande por ahí a todas horas buscando contactos sexuales sin freno alguno. Lo que digo es que algunas de nuestras normas no tienen sentido, y por eso tanta gente las viola y vive según sus propias normas.

Cuando liberamos a alguien de la culpa sexual y le enseñamos a que se ame y se respete, automáticamente tenderá a tratarse —y a tratar a los demás— de la manera que le resulte más gratificante y que más gozo le proporcione. La razón de que muchas personas tengan tantos problemas con su sexualidad es que sienten rechazo y repugnancia hacia ellas mismas, y por eso se tratan mal... y tratan mal a los demás.

No basta con que en la escuela se enseñe a los niños la parte mecánica de la sexualidad. Es necesario que, en un nivel muy profundo, se les convenza de que su cuerpo, sus genitales y su sexualidad son algo de lo que hay que regocijarse. Yo creo realmente que las personas que se aman y, por lo tanto, aman su cuerpo son incapaces de abusar de sí mismas ni de nadie más.

Considero que la mayoría de los problemas de **vejiga** provienen de que uno se siente irritado, generalmente, por su pareja. Estamos enfadados por algo que tiene que ver con nuestra condición de mujeres o de hombres. Las mujeres tienen más problemas de vejiga que los hombres porque son más propensas a ocultar sus agravios. También la **vaginitis** significa generalmente que una mujer ha sido afectivamente herida por su pareja. En los hombres, los problemas de **próstata** tienen mucho que ver con la autovaloración y con la convicción de que, a medida que envejecen, van siendo menos hombres. La **impotencia** añade un elemento de miedo, y a veces se relaciona incluso con el despecho hacia una pareja pasada. La **frigidez** se origina en el miedo o la convicción de que está mal disfrutar del cuerpo. Puede venir también del autorrechazo e intensificarse en el contacto con un compañero poco sensible.

El **síndrome premenstrual,** que ha llegado a adquirir proporciones epidémicas, coincide con el incremento de cierta clase de anuncios en los medios de comunicación. Me refiero a los que nos acosan continuamente con la idea de que al cuerpo femenino hay que lavarlo, limpiarlo, desodorizarlo, ungirlo de cremas, empolvarlo, perfumarlo y volverlo a limpiar de mil maneras para que llegue a ser por lo menos aceptable. Al mismo tiempo que las mujeres van llegando a un *status* de igualdad, se las bombardea negativamente con la idea de que los procesos fisiológicos femeninos no llegan a ser del todo aceptables. Esto, unido a las enormes cantidades de azúcar que se consumen en la actualidad, crea un terreno fértil para la proliferación del síndrome premenstrual.

Los procesos femeninos –todos, incluso la menstruación y la menopausia– son normales y naturales, y como tales debemos aceptarlos. Nuestro cuerpo es bello, magnífico y maravilloso.

Estoy convencida de que las **enfermedades venéreas** expresan casi siempre culpa sexual. Provienen de un sentimiento, a menudo subconsciente, de que no está bien que nos expresemos sexualmente. El portador de una enfermedad venérea puede tener contactos sexuales con muchas personas, pero sólo aquellas cuyo sistema inmunitario mental y físico sea débil serán susceptibles de contagio. Además de las afecciones clásicas, en los últimos años se ha dado, entre la población heterosexual, un incremento del **herpes,** una enfermedad que hace continuas recidivas para «castigarnos» por nuestra convicción de que «somos malos». El herpes tiene tendencia a reaparecer cuando estamos emocionalmente perturbados, y eso ya es muy significativo.

Ahora, trasladamos esta teoría a los homosexuales, que tienen los mismos problemas que los heterosexuales, sumados al hecho de que gran parte de la sociedad los señala con un dedo acusador y les llama pervertidos... un calificativo que generalmente también les aplican sus propios padres. Y ésa es una carga muy pesada de llevar.

A muchas mujeres les aterra envejecer porque el sistema de creencias que nos hemos creado se centra en la gloria de la juventud. A los hombres no les preocupa tanto porque unas cuantas canas los hacen más distinguidos. El hombre mayor suele ser más respetado, y hasta es posible que lo admiren por su experiencia.

No sucede lo mismo con los homosexuales, que se han creado una cultura que pone un énfasis tremendo en la juventud y la belleza. Es cierto que todos empezamos por ser jóvenes, pero sólo unos pocos satisfacen las normas de la belleza. Se ha dado tanta importancia a la apariencia física del cuerpo que se pasan totalmente por alto los sentimientos. Si uno no es joven y hermoso, es casi como si no contara. Lo que cuenta no es la persona entera, sino solamente el cuerpo.

Esta manera de pensar es una vergüenza, porque es otra forma de desvalorización.

Debido al modo en que suelen tratarse entre sí los varones homosexuales, la vivencia de envejecer es algo que horroriza a muchos de ellos. Es casi mejor morirse que envejecer. Y el SIDA es una enfermedad que con frecuencia mata.

Muchos hombres homosexuales, cuando se hacen mayores, se sienten inútiles y no queridos. Casi es mejor destruirse antes que llegar a eso, y muchos se han creado un estilo de vida destructivo. Algunos de los conceptos y las actitudes que forman parte del estilo de vida *gay* –el exhibicionismo, las críticas constantes y despiadadas, la negativa a una intimidad real– son monstruosos. Y el SIDA es una enfermedad monstruosa.

Ese tipo de actitudes y de pautas de comportamiento no pueden menos que provocar culpa en algún nivel muy profundo, por mucho que podamos parodiarlas en forma afectada. Esa afectación, que puede ser tan divertida, puede ser también sumamente destructiva, tanto para quien la practica como para quien la padece. Es otra manera de evitar la intimidad y el acercamiento.

De ninguna manera es mi intención crear culpas a nadie.

Sin embargo, es menester que miremos las cosas que necesitamos cambiar para que nuestras vidas funcionen con amor, júbilo y respeto. Hace cincuenta años, casi todos los hombres homosexuales se mantenían en la sombra, pero en la actualidad disponen de núcleos sociales donde pueden manifestarse, al menos relativamente. Yo creo que es lamentable que gran parte de lo que han creado sea causa de tanto dolor para sus propios hermanos homosexuales. Aunque con frecuencia es deplorable la forma en que los hombres «normales» tratan a los *gays,* la forma en que muchos *gays* tratan a los de su misma condición es *trágica.*

Tradicionalmente, los hombres han tenido siempre más parejas sexuales que las mujeres, y naturalmente, entre hombres habrá muchos más contactos sexuales. No creo que haya nada de malo en eso. Hay sitios previstos para satisfacer esta necesidad y me parece bien, a menos que estemos dando a nuestra sexualidad un uso equivocado. A algunos hombres les gusta tener muchas parejas para satisfacer su profunda necesidad de autoestima, más bien que por el placer que derivan de ello. No creo que haya nada de malo en tener varias parejas, y tampoco censuro el uso «ocasional» del alcohol. Sin embargo, si todas las noches terminamos sin sentido y si «necesitamos» varias parejas por día nada más que para estar seguros de nuestro valor, entonces hay algo en nosotros que no anda bien, y es preciso que hagamos algunos cambios mentales.

Ha llegado el momento de la búsqueda del ser en su totalidad, el momento de la sanación y no de la condenación. Debemos superar las limitaciones del pasado. Todos somos parte de la divinidad, todos somos magníficas expresiones de la vida. ¡Exijamos esto ahora!

El **colon** representa nuestra capacidad de soltar y liberar aquello que ya no necesitamos. Para adaptarse al ritmo perfecto del fluir de la vida, el cuerpo necesita un equilibrio entre ingesta, asimilación y eliminación. Y lo único que bloquea la eliminación de lo viejo son nuestros miedos.

Aunque las personas estreñidas no sean realmente mezquinas, generalmente no confían en que siempre vaya a haber lo suficiente. Se aferran a relaciones antiguas que las hacen sufrir, no se animan a deshacerse de prendas que guardan desde hace años en el armario por temor a necesitarlas algún día, permanecen en un trabajo que las limita o no se permiten jamás ningún placer porque tienen que ahorrar para cuando vengan días malos. ¿Acaso revolvemos la basura de anoche para encontrar la comida de hoy? Aprendamos a confiar en que el proceso de la vida nos traerá siempre lo que necesitemos.

En la vida, las **piernas** son lo que nos lleva hacia adelante. Los problemas en las piernas suelen indicar un miedo a avanzar o una renuncia a seguir andando en cierta dirección. Corremos, nos arrastramos, andamos como pisando huevos, se nos aflojan las rodillas, somos patituertos o patizambos y nos quedamos patitiesos. Y además, tenemos los muslos enormes, coléricamente engrosados por la celulitis, llenos de resentimientos infantiles. Con frecuencia, no querer hacer algo produce algún problema menor en las piernas. Las **venas varicosas** significan que nos mantenemos en un trabajo o en otro lugar que nos enferma. Las venas pierden su capacidad de transportar alegría.

Pregúntese si está marchando en la dirección en que quiere ir.

Las **rodillas,** como el cuello, se relacionan con la flexibilidad, sólo que ellas hablan de inclinarse y de ser orgulloso, del yo y de la obstinación. Con frecuencia, cuando avanzamos, nos da miedo inclinarnos y nos ponemos tiesos. Y eso vuelve rígidas las articulaciones. Queremos avanzar, pero no cambiar nuestra manera de ser. Por eso las rodillas tardan tanto en curarse, porque está en juego nuestro yo. El tobillo también es una articulación, pero si se daña puede curarse con bastante rapidez. Las rodillas tardan porque en ellas están en juego nuestro orgullo y nuestra autojustificación.

La próxima vez que tenga algún problema con las rodillas, pregúntese de qué está justificándose, ante qué está negándose a inclinarse. Renuncie a su obstinación y aflójese. La vida es fluencia y movimiento, y para estar cómodos debemos ser flexibles y fluir con ella. Un sauce se dobla y se mece y ondula con el viento, y está siempre lleno de gracia y en armonía con la vida.

Los **pies** tienen que ver con nuestro entendimiento, con la forma en que nos entendemos y en que entendemos la vida, tanto el pasado como el presente y el futuro.

A muchos ancianos les cuesta caminar. Su entendimiento se ha vuelto parcial y retorcido, y con frecuencia sienten que no tienen adónde ir. Los niños pequeños se mueven con pies alegres, danzarines. Los ancianos suelen arrastrarlos como si se negaran a moverse.

La **piel** representa nuestra individualidad, y los problemas dérmicos suelen significar que de algún modo la sentimos amenazada. Tememos que otros tengan poder sobre nosotros. Nos sentimos despellejados vivos, le arrancamos a alguien la piel a tiras, tenemos afinidades o rechazos de piel, decimos que un niño es de la piel de Barrabás, andamos con los nervios a flor de piel.

Una de las maneras más rápidas de curar los problemas de piel es nutrirse uno a sí mismo repitiendo mentalmente, varios centenares de veces por día: «Me apruebo...» Así recuperamos nuestro propio poder.

Los **accidentes** no son accidentales. Como todo lo demás que hay en nuestra vida, nosotros los creamos. No se trata de que nos digamos que queremos tener un accidente, sino de que nuestros modelos mentales pueden atraer hacia nosotros un accidente. Parece que algunas personas fueran «propensas a los accidentes», en tanto que otras andan por la vida sin hacerse jamás un rasguño.

Los accidentes son expresiones de cólera, que indican una acumulación de frustraciones en alguien que no se siente libre para expresarse o para hacerse valer. Indican también rebelión contra la autoridad. Nos enfurecemos tanto que queremos golpear a alguien y, en cambio, los golpeados somos *nosotros*.

Cuando nos enojamos con nosotros mismos, cuando nos sentimos culpables, cuando tenemos la necesidad de castigarnos, un accidente es una forma estupenda de conseguirlo.

Puede que nos resulte difícil creerlo, pero los accidentes

los provocamos nosotros; no somos víctimas desvalidas de un capricho del destino. Un accidente nos permite recurrir a otros para que se compadezcan y nos ayuden al mismo tiempo que curan y atienden nuestras heridas. Con frecuencia también tenemos que hacer reposo en cama, a veces durante largo tiempo, y soportar el dolor.

El sufrimiento físico nos da una pista sobre cuál es el dominio de la vida en que nos sentimos culpables. El grado de daño físico nos permite saber hasta qué punto era severo el castigo que necesitábamos, y a cuánto tiempo debíamos estar sentenciados.

Tanto la **anorexia** como la **bulimia** expresan una negación de la propia vida, y son una forma extrema de odio hacia uno mismo.

La comida es alimento en el nivel más básico. ¿Por qué habría usted de negarse el alimento? ¿Por qué quiere morir? ¿Qué pasa en su vida, que sea tan terrible como para que quiera abandonarla?

Cuando se odia a sí mismo, en realidad odia una idea que tiene de sí mismo. Y las ideas se pueden cambiar.

¿Qué hay en usted que sea tan terrible? ¿Se crió en una familia que criticaba continuamente su comportamiento? ¿O eran sus maestros quienes lo criticaban? En sus primeros contactos con la religión, ¿le dijeron que así, tal como usted era, «no servía»? Con demasiada frecuencia procuramos hallar razones «comprensibles» que nos digan por qué no nos quieren ni nos aceptan tal como somos.

«Gracias» a la obsesión de la industria de la moda con la esbeltez, muchas mujeres que se repiten continuamente a sí mismas: «¿Qué sentido tiene, si con este cuerpo no sirvo para...?» concentran el odio en su propio cuerpo. En un nivel están diciendo que si fueran más delgadas, entonces las amarían, pero eso no funciona.

Nada funciona desde afuera. La clave es la aprobación y la aceptación de uno mismo.

La **artritis** es una enfermedad que se origina en una constante actitud de crítica. En primer lugar, la persona se critica a sí misma, pero también critica a los demás. Los artríticos

suelen ser muy criticados, porque su propio estilo es criticar;
entonces cargan con la maldición del «perfeccionismo», es
decir, con la necesidad de ser perfectos siempre y en cualquier situación.

¿Conoce usted a alguien en este planeta que sea «perfecto»? Yo no. ¿Por qué nos imponemos normas que nos exi-
gen que seamos «superpersonas» para sentirnos apenas aceptables? Esta es una expresión muy fuerte del «no sirvo», y es
una carga pesadísima de llevar.

Del **asma** decimos que es un «amor que sofoca». La persona tiene la sensación de no tener derecho a respirar por su
cuenta. Los niños asmáticos suelen tener una «conciencia so-
bredesarrollada»; asumen las culpas de todo lo que anda mal
en su medio, se sienten «indignos», no valiosos y, por consi-
guiente, culpables y merecedores de castigo.

A veces, el cambio de clima cura a los asmáticos, especialmente si *no* los acompaña la familia.

En general, al crecer, los niños asmáticos «dejan atrás» su
enfermedad, lo que en realidad significa que se van a estudiar a otra ciudad o a otro país, se casan o por algún otro motivo se van de casa, y la enfermedad se disuelve. Con frecuencia, más adelante pasan por alguna experiencia que
vuelve a accionar aquel antiguo interruptor que llevan dentro, y entonces tienen otro ataque. Cuando eso sucede, en
realidad no es una respuesta a las circunstancias del momento, sino más bien a lo que solía sucederles en su infancia.

**Abscesos, quemaduras, cortes, fiebres, llagas, «itis» e infla-
maciones** diversas son, todos, indicios de una cólera que se
expresa en el cuerpo. Por *más* que intentemos suprimirlo, el
enojo encontrará maneras de expresarse. Hay que dejar salir
la presión acumulada. Nuestro enojo nos da miedo porque
sentimos que podemos destruir nuestro mundo, pero es algo
que se puede liberar simplemente diciendo: «Estoy enfadado
por esto.» Es verdad que no siempre podemos decirle algo
así a nuestro jefe, pero podemos aporrear la cama o vociferar
en el coche cerrado o jugar al tenis, que son maneras inofensivas de descargar físicamente la cólera.

Es frecuente que las personas con tendencias espirituales crean que «no deberían» enojarse. Ciertamente todos nos esforzamos por llegar al momento en que ya no culpemos a nadie más por nuestros sentimientos; pero mientras no hayamos llegado a ese punto, es más saludable que reconozcamos qué es lo que sentimos en un momento dado.

El **cáncer** es una enfermedad causada por un profundo resentimiento contenido durante muchísimo tiempo, hasta que literalmente va carcomiendo el cuerpo. En la infancia sucede algo que destruye nuestro sentimiento de confianza. Esta es una experiencia que jamás se olvida, y el individuo vive compadeciéndose de sí mismo y se le hace difícil cultivar y mantener durante mucho tiempo relaciones significativas. Con un sistema de creencias así, la vida se muestra como una serie de decepciones. Un sentimiento de desesperanza, desvalimiento y pérdida se adueña de nuestro pensamiento, y nada nos cuesta culpar a otros de todos nuestros problemas. La gente que tiene cáncer, además, es muy autocrítica. Para mí, la clave de la curación del cáncer está en amarse y aceptarse.

El **exceso de peso** representa una necesidad de protección. Tratamos de protegernos de heridas, agravios, críticas, abusos e insultos, de la sexualidad y de las insinuaciones sexuales de un miedo general a la vida, y también de miedos específicos.

Yo no tengo tendencia a ser gorda, y, sin embargo, con los años me he dado cuenta de que cuando me siento insegura e incómoda suelo aumentar uno o dos kilos. Cuando la amenaza desaparece, el exceso de peso se va también, sin que yo haya hecho nada por eliminarlo.

Luchar contra la obesidad es perder tiempo y energía. Las dietas no funcionan, porque tan pronto como se las interrumpe, el peso vuelve a aumentar. Amarse y aprobarse, confiar en el proceso de la vida y depositar su seguridad interna en el conocimiento del poder de su propia mente son los elementos básicos de la mejor dieta que conozco. Póngase a dieta de pensamientos negativos, y el problema del peso se resolverá solo.

Demasiados padres y madres piensan que cualquier problema que tengan sus hijos se soluciona atiborrándolos de comida. Estos niños, cuando crecen, cada vez que tienen un problema se quedan hipnotizados ante el frigorífico abierto, diciéndose: «No sé bien qué es lo que quiero.»

Para mí, cualquier clase de **dolor** es una indicación de culpa. La culpa siempre busca el castigo, y el castigo crea dolor. El dolor crónico proviene de una culpa crónica, con frecuencia tan profundamente sepultada que ya ni siquiera tenemos la menor conciencia de ella.

El sentimiento de culpa es una emoción totalmente inútil, que jamás hace que nadie se sienta mejor ni modifica para nada una situación.

Su «sentencia» ya se ha cumplido, de manera que déjese salir de prisión. Perdonar no es más que soltar, dejar partir...

Las **embolias** las provocan coágulos de sangre, una congestión en el torrente sanguíneo que al llegar al cerebro interrumpe el aprovisionamiento de sangre a una zona cerebral.

El cerebro es el ordenador del cuerpo. La sangre es júbilo. Las venas y las arterias son canales por donde circula esa alegría. Todo funciona bajo la ley y la acción del amor. Hay amor en cada chispa de inteligencia que brilla en el Universo. Es imposible trabajar y funcionar bien sin sentir amor y júbilo.

El pensamiento negativo produce atascos en el cerebro, y así no queda margen para que el amor y el júbilo fluyan libre y abiertamente.

La risa sólo puede fluir de un modo natural, y lo mismo pasa con el amor y el júbilo. La vida no es hosca y ceñuda, a menos que nosotros la hagamos así, a menos que decidamos verla así. Podemos encontrar un desastre total en una mínima molestia, y un pequeño motivo de júbilo en la mayor de las tragedias. De nosotros depende.

A veces intentamos obligar a la vida a que vaya en cierta dirección que no es la adecuada para nosotros. A veces nos creamos «ataques» para obligarnos a tomar una dirección totalmente diferente, a reevaluar nuestro estilo de vida.

La **rigidez** en el cuerpo representa rigidez en la mente. El miedo nos empuja a aferrarnos a viejas modalidades, y se nos hace difícil ser flexibles. Si creemos que no hay más que *una manera* de hacer algo, no será raro que nos volvamos rígidos. Siempre se puede encontrar otra manera de hacer las cosas. Recuerden que hubo alguien que enumeró 256 maneras distintas de fregar los platos.

Fíjese en qué lugar del cuerpo se produce la rigidez, búsquelo en la lista de patrones mentales y allí verá en qué «lugar mental» se está volviendo inflexible y rígido.

A la **cirugía** le corresponde su lugar. Es buena para curar huesos rotos y remediar accidentes y para estados que ya no se puedan solucionar de otro modo. En estas condiciones, puede ser más fácil operarse y concentrar todo el trabajo curativo en conseguir que la afección no vuelva a repetirse.

Abundan cada día más los profesionales médicos que están verdaderamente consagrados a ayudar a la humanidad. Cada vez más médicos se vuelven hacia las orientaciones holísticas, que buscan curar a la persona como totalidad. Y sin embargo, la mayoría de ellos no trabajan con la *causa* de ninguna enfermedad; se limitan a tratar los síntomas, los efectos.

Y esto lo hacen de dos maneras: envenenando o mutilando. Si acude usted a un cirujano, generalmente le recomendará que se opere. Sin embargo, si la decisión quirúrgica ya está tomada, prepárese para la experiencia de tal manera que transcurra con las menores complicaciones posibles, y que usted se cure tan rápidamente como sea posible.

Pídales al cirujano y a su equipo que colaboren con usted en este aspecto. Con frecuencia, en el quirófano, los cirujanos y sus ayudantes no se dan cuenta de que, aunque el paciente esté inconsciente, en un nivel subconsciente sigue oyendo y entendiendo todo lo que se dice.

Sé de una mujer, miembro del movimiento de la Nueva Era, que necesitó una operación de emergencia y antes de someterse a ella habló con el cirujano y el anestesista para pedirles que por favor pusieran música suave durante la operación y que continuamente le hablaran y se expresaran entre ellos con afirmaciones positivas. Lo mismo le pidió a la enfermera en la sala de recuperación. La operación transcurrió sin dificultades, y la recuperación fue rápida y agradable.

A mis clientes siempre les sugiero que se formulen afirmaciones como: «Cada mano que me toca en el hospital es una mano dotada del poder de curar y que no expresa otra cosa que amor» y «La operación se realiza fácil y rápidamente, con un resultado perfecto.» También se puede decir: «Me siento perfectamente cómodo durante todo el tiempo.»

Después de la operación, procure escuchar a menudo música suave y agradable, y dígase para sí: «Estoy curándome rápida, fácil y perfectamente, y cada día me siento mejor.»

Si puede, grábese una *cassette* con una serie de afirmaciones positivas, llévese un grabador o un *walkman* al hospital y escuche una y otra vez la grabación mientras descansa y se recupera. Atienda a las sensaciones, no al dolor. Imagínese que el amor fluye de su corazón, desciende por los brazos y llega a las manos. Póngase las manos en la parte que está curándose, y dígale que la ama y que está ayudándole a que se ponga bien.

Cualquier **hinchazón** del cuerpo representa atascos y estancamientos en el estado emocional. Nosotros mismos nos creamos situaciones en que nos «hieren», y nos aferramos luego a su recuerdo. Con frecuencia las hinchazones representan lágrimas contenidas que sentimos como algo enquistado, o provienen de culpar a otros por nuestras propias limitaciones.

Renuncie al pasado; déjelo que se vaya y recupere su propio poder. Deje de estar pendiente de lo que no quiere, y use su mente para crear lo que «sí quiere». Déjese llevar por la marea de la vida.

Los **tumores** son falsos crecimientos. Si a una ostra le entra un granito de arena, para protegerse lo rodea de un revestimiento duro y brillante. Somos nosotros quienes lo llamamos «perla» y lo consideramos hermoso.

Si nos encarnizamos con una vieja herida, la cultivamos y no la dejamos cicatrizar, con el tiempo se convertirá en un tumor.

Es como pasar una vieja película. Y creo que la razón de que las mujeres tengan tantos tumores en el útero es que se centran en un golpe emocional que ha afectado a su feminidad y lo cultivan. Es lo que yo llamo el síndrome de «El me ha dañado.»

El hecho de que una relación se acabe no significa que nada ande mal en mí, ni disminuye mi valor intrínseco.

Lo que importa no es *lo que sucede,* sino cómo *reaccionamos* ante ello. Cada uno es responsable en un ciento por ciento de sus experiencias. ¿Qué creencias sobre usted mismo necesita cambiar para atraer a su ámbito vital formas de comportamiento que expresen más amor?

En la infinitud de la vida, donde estoy,
todo es perfecto, completo y entero.
Reconozco que mi cuerpo es un buen amigo.
Cada una de sus células contiene la Inteligencia Divina.
Yo escucho lo que me dice
y sé que su consejo es válido.
Estoy siempre a salvo, bajo la guía y la protección divinas,
y elijo vivir en salud y ser libre.
Todo está bien en mi mundo.

Capítulo 15

LA LISTA

«Estoy sano, entero y completo.»

A medida que recorra usted la lista siguiente, tomada de mi libro *Curar el cuerpo,* fíjese si puede encontrar la correlación entre las enfermedades que tenga o que haya padecido y las probables causas que he enumerado.

He aquí cómo puede usar esta lista cuando tenga un problema físico:

1. Fíjese en la causa mental y vea si es aplicable a su caso. Si no, pregúntese, en silencio, cuáles pudieron ser los pensamientos que crearon ese problema.
2. Repítase: «Estoy dispuesto a renunciar al modelo mental que ha creado este problema.»
3. Repítase varias veces el nuevo modelo mental.
4. Dé por sentado que está ya en el proceso de curación.

Cada vez que piense en su estado, repita los pasos de este proceso.

Problema	Causa probable	Nuevo modelo mental
Abdominales, espasmos	Miedo. Detención del proceso.	Confío en el proceso de la vida. Estoy a salvo.
Aborto espontáneo	Miedo. Miedo del futuro. No ahora; más adelante. Programación temporal inadecuada.	En mi vida está obrando siempre la recta acción divina. Me amo y me apruebo. Todo está bien.
Abscesos	Cavilación constante sobre heridas, agravios y venganza.	Permito que mis pensamientos sean libres. Lo pasado, pasado. Estoy en paz.
Accidentes	Incapacidad de hablar en defensa propia. Rebelión contra la autoridad. Fe en la violencia.	Me libero del modelo mental que creaba esto. Estoy en paz. Soy digno y valioso.
Acidez	Miedo. Miedo. Miedo. Miedo paralizante.	Respiro libre y plenamente. Estoy a salvo. Confío en el proceso de la vida.
Acné	Desaprobación y no aceptación de sí mismo.	Soy una expresión divina de la vida. Me amo y me acepto tal como soy ahora.
Addison, enfermedad de	Grave desnutrición emocional. Cólera consigo mismo.	Con amor cuido mi cuerpo, mi mente y mis emociones.
Adicciones	Huida de uno mismo. Miedo. Alguien que no sabe amarse a sí mismo.	Ahora descubro lo valioso que soy, y decido amarme y disfrutar de mí mismo.
Adrenales, problemas de	Derrotismo. Alguien que ya no se interesa por sí mismo. Ansiedad.	Me acepto y me amo. Al cuidar de mí mismo estoy a salvo.

Alcoholismo	¿De qué sirve? Sentimiento de futilidad, culpa e inadecuación. Rechazo de uno mismo.	Vivo en el ahora. Cada momento es nuevo. Me atrevo a ver mi propio valor. Me amo y me apruebo.
Alergias	Pregúntese a quién es alérgico. Negación del propio poder.	El mundo es seguro y amistoso. Estoy a salvo. Estoy en paz con la vida.
Alzheimer, enfermedad de	Deseo de abandonar el planeta. Incapacidad de enfrentar la vida tal como es.	Todo sucede en la secuencia espacio temporal adecuada. La recta acción divina se da en cada momento.
Amigdalitis	Miedo. Emociones reprimidas. Creatividad sofocada.	Mi bien fluye libremente. A través mío se expresan las ideas divinas. Estoy en paz.
Amnesia	Miedo. Huida de la vida. Incapacidad de autodefenderse.	La inteligencia, el coraje y la seguridad en mí mismo no me faltan nunca. No hay riesgo en estar vivo.
Ampollas	Resistencia. Falta de protección emocional.	Fluyo suavemente con la vida y con cada experiencia nueva. Todo está bien.
Anemia	Actitud de «sí, pero». Carencia de alegría. Miedo a la vida. Sentimiento de no ser suficientemente bueno.	Sin peligro puedo sentir júbilo en todos los ámbitos de mi vida. Amo la vida.
Anemia falciforme	Alguien a quien su creencia en que «no sirve para» le destruye la alegría de vivir.	Este niño vive y respira el júbilo de vivir, y el amor me nutre. Dios hace milagros todos los días.

Angina	Intensa creencia en que uno es incapaz de hacerse valer y de pedir lo que necesita.	*Tengo derecho a que mis necesidades sean satisfechas. Soy capaz de pedir lo que quiero, fácilmente y con amor.*
Angustia	Falta de confianza en el movimiento y el proceso de la vida.	*Me amo, me apruebo y confío en el proceso de la vida. Estoy a salvo.*
Ano	Punto de liberación. Eliminación de desechos.	*Fácil y cómodamente me libero de lo que ya no necesito en la vida.*
– Abscesos	Cólera en relación con aquello que uno no quiere soltar.	*No hay peligro en aflojarse. De mi cuerpo sólo sale lo que ya no necesito.*
– Comezón	Culpa por el pasado. Remordimiento	*Con amor me perdono. Soy libre.*
– Dolor	Culpa. Deseo de castigo. «No sirvo para...»	*Lo pasado, pasado. Decido amarme y aprobarme en el presente.*
– Fístula	Liberación incompleta de los desechos. Alguien que se aferra a las basuras del pasado.	*Con amor me libero totalmente del pasado. Soy libre. Soy amor.*
– Hemorragia	Véase Anorrectal, hemorragia.	
Anorexia	Negación de la propia vida. Mucho miedo. Rechazo de uno mismo. Odio hacia uno mismo.	*Siendo yo mismo estoy a salvo. Estoy bien tal como soy. Opto por la vida, el júbilo y la aceptación de mi mismo.*
Anorrectal, hemorragia	Cólera y frustración.	*Confío en el proceso de la vida. En mi vida no hay más que acciones correctas y buenas.*

Apatía	Resistencia a sentir. Amortiguación del sí mismo. Miedo.	*No hay peligro en sentir. Me abro a la vida y estoy dispuesto a vivirla.*
Apendicitis	Miedo. Miedo de la vida. El fluir del bien está bloqueado.	*Estoy a salvo. Me relajo y dejo que la vida fluya jubilosamente.*
Apetito		
– Excesivo	Miedo. Necesidad de protección. Actitud de juzgar las emociones.	*Estoy a salvo. No hay peligro en sentir. Mis sentimientos son normales y aceptables.*
– Pérdida del	Miedo. Protección del sí mismo. Falta de confianza en la vida.	*Me amo, me apruebo y estoy a salvo. La vida es segura y jubilosa.*
Arrugas	Provienen de pensamientos depresivos. Resentimiento con la vida.	*Expreso la alegría de vivir y me permito disfrutar totalmente de cada momento del día. Y rejuvenezco.*
Arterias	Portadoras del júbilo de vivir.	*Estoy lleno de alegría que fluye a través mío con cada latido del corazón.*
Arteriosclerosis	Resistencia, tensión. Rigidez y estrechez mental. Negativa a ver lo bueno.	*Me abro completamente a la vida y al júbilo, y opto por ver con amor.*
Articulaciones	Representan cambios en la orientación de la vida y la facilidad o dificultad con que se llevan a cabo.	*Fluyo fácilmente con el cambio. Mi vida está guiada por lo divino, y marcho siempre en la mejor dirección.*
Artritis	Sensación de no ser amado. Críticas, resentimientos.	*Soy amor, decido amarme y aprobarme a mí mismo, y veo con amor.*

Artritis en los dedos	Deseo de castigar. Culpa. Alguien que se siente víctima.	*Veo con amor y comprensión, y elevo todas mis experiencias a la luz del amor.*
Artritis reumatoide	Profunda crítica de la autoridad. Alguien que se siente muy explotado.	*Yo soy mi propia autoridad. Me amo y me apruebo. La vida es buena.*
Asfixia, ataques de	Miedo. Desconfianza del proceso de la vida. Alguien atascado en la infancia.	*No hay peligro en crecer. El mundo es un lugar seguro. Estoy a salvo.*
Asma	Amor que sofoca. Incapacidad de respirar solo. Sensación de ahogo. Llanto suprimido.	*No hay peligro en que ahora me haga cargo de mi propia vida. Opto por ser libre.*
Asma en los bebés	Miedo a la vida. Alguien que no quiere estar aquí.	*Este niño es recibido con amor y alegría, y está a salvo y bien cuidado.*
Ataque (cardíaco, apoplético)	Desesperanza. Resistencia. Antes morir que cambiar. Rechazo de la vida.	*La vida es cambio, y yo me adapto fácilmente a lo nuevo. Acepto la vida, pasada, presente y futura.*
Bazo	Obsesiones diversas.	*Me amo y me apruebo. Confío en el proceso de la vida. Estoy a salvo. Todo está bien.*
Boca	Representa la incorporación de nuevas ideas y alimento.	*Me nutro de amor.*
— Llagas en la	Palabras enconadas que los labios retienen. Culpa.	*En mi mundo de amor, sólo creo experiencias jubilosas.*

- Problemas de la	Opiniones rígidas. Mentalidad cerrada. Incapacidad para aceptar ideas nuevas.	Acojo de buen grado las ideas nuevas y las preparo para digerirlas y asimilarlas.
Bocio	Odio por ser agraviado. Víctima. Alguien que se siente frustrado, no realizado.	Soy el poder y la autoridad en mi vida. Soy libre de ser yo.
Brazos	Representan la capacidad de abarcar las experiencias de la vida.	Con amor y júbilo recibo y acojo mis experiencias.
Bright, enfermedad de	Alguien que se siente como un niño que «no es capaz de» y «no sirve para». Un fracaso. Pérdida.	Me amo, me apruebo y me intereso por mí. Me comporto de forma adecuada en todo momento.
Bronquitis	Dificultades en el medio familiar. Discusiones y gritos. A veces silencio.	Declaro la paz y la armonía en mi interior y con lo que me rodea. Todo está bien.
Bursitis	Cólera reprimida. Deseos de golper a alguien.	El amor relaja y libera todo lo que no se le parece.
Cabeza, dolores de	Alguien que se invalida a sí mismo. Autocrítica. Miedo.	Me amo y me apruebo. Me veo a mí y todo lo que hago con amor. Estoy a salvo.
Cadera	Transporta el cuerpo en perfecto equilibrio. El principal empuje en el movimiento de avance.	Cada día avanzo con júbilo.
– Problemas de	Miedo de tomar decisiones importantes. No hay hacia dónde avanzar.	Estoy en perfecto equilibrio. A cualquier edad, avanzo por la vida con júbilo y soltura.

Calambres	Tensión, miedo. Aferrarse, sujetar.	*Me relajo y dejo que la mente se aquiete.*
Cálculos biliares	Amargura. Pensamientos crueles. Condenación. Orgullo.	*Jubilosa liberación del pasado. La vida es dulce. Soy dulce.*
Callosidades	Endurecimiento de conceptos e ideas. Miedo solidificado.	*No hay peligro en ver y experimentar ideas y actitudes nuevas. Me abro para recibir todo lo bueno.*
Calvicie	Miedo. Tensión. Intento de controlarlo todo. Falta de confianza en el proceso de la vida.	*Estoy a salvo. Me amo y me apruebo, y confío en la vida.*
Canas	Estrés. Tensión nerviosa, esfuerzo excesivo.	*Estoy en paz con todos los aspectos de mi vida. Soy fuerte y capaz.*
Cáncer	Herida profunda. Resentimiento que se arrastra. Alguien a quien carcome un dolor o un secreto profundo. Carga de odios. Creencia en que todo es inútil.	*Perdono con amor y me desprendo de todo el pasado. Elijo llevar mi mundo de júbilo. Me amo y me apruebo.*
Candidiasis	Sentimiento de estar muy disperso. Frustración y cólera. Exigencia y desconfianza en las relaciones.	*Me permito ser todo lo que puedo ser y merezco lo mejor de la vida. Me amo y me aprecio, y también amo y aprecio a los demás.*
Cara	Representa lo que mostramos al mundo.	*Estoy a salvo siendo quien soy y me expreso como soy.*

Carbunco	Cólera ponzoñosa por injusticias personales.	*Renuncio al pasado y dejo que el tiempo cure todos los aspectos de mi vida.*
Cataratas	Incapacidad de mirar hacia adelante con alegría. Futuro sombrío.	*La vida es eterna y llena de alegría.*
Celulitis	Alguien atascado en sufrimientos de la niñez, que se aferra al pasado. Dificultad para avanzar. Miedo de escoger la propia dirección.	*Perdono a todos y me perdono. Perdono toda experiencia pasada. Soy libre.*
Cerebro	Representa el ordenador, el teclado.	*Soy el afectuoso operador de mi mente.*
– Tumor	Informatización incorrecta de las creencias. Obstinación. Negativa a cambiar los antiguos modelos mentales.	*Puedo reprogramar fácilmente mi ordenador mental. Todo en la vida es cambio; mi mente es siempre nueva.*
Ciática	Hipocresía. Miedo del dinero y del futuro.	*Me adentro en mi propio bien. Mi bien está en todas partes; estoy seguro y a salvo.*
Coche, mareos en el	Miedo. Servidumbre. Sensación de estar atrapado.	*Me muevo fácilmente por el tiempo y el espacio. Sólo el amor me rodea.*
Codo	Representa los cambios de dirección y la aceptación de experiencias nuevas.	*Fluyo fácilmente con las nuevas experiencias y los cambios de dirección.*
Colesterol	Obstrucción de los canales del júbilo. Miedo de aceptar la alegría.	*Me decido a amar la vida. Los canales de mi júbilo están abiertos. No hay peligro en recibir.*

Cólicos	Irritación mental, impaciencia, fastidio con el medio.	*Este niño responde sólo al amor, a los pensamientos de amor. Todo está en paz.*
Colitis	Padres demasiado exigentes. Miedo a la opresión y la derrota. Gran necesidad de afecto.	*Me amo y me apruebo. Creo mi propio júbilo y elijo triunfar en la vida.*
Colon, mucosidades en el	Acumulación de antiguos pensamientos confusos que obstruyen el canal de eliminación. Alguien que se regodea en el fango pegajoso del pasado.	*Me desprendo del pasado y lo disuelvo. Mis pensamientos son claros. En paz y alegría, vivo en el presente.*
Columna	El flexible apoyo de la vida.	*La vida me apoya.*
Columna, encorvamiento de la	Incapacidad de fluir con el apoyo de la vida. Miedo e intento de aferrarse a viejas ideas. Falta de fe en la vida. Falta de integridad. Alguien que no tiene el valor de seguir sus convicciones.	*Me libero de todos los miedos y confío en el proceso de la vida. Sé que la vida es para mí. Con amor me yergo, recto y alto.*
Coma	Miedo. Intento de escapar de algo o de alguien.	*Te rodeamos de seguridad y amor y creamos un espacio para tu curación. Tú eres amor.*
Comezón	Deseos inoportunos. Insatisfacción. Remordimiento por irse o apartarse.	*Estoy en paz donde estoy. Acepto mi bien, y sé que todas mis necesidades y todos mis deseos se verán realizados.*
Conjuntivitis	Enojo y frustración por lo que uno ve en la vida.	*Veo con los ojos del amor. Hay una solución armoniosa, y yo la acepto.*
Corazón	Representa el centro del amor y la seguridad. (Véase también *Sangre*.)	*Mi corazón late al ritmo del amor.*

– Problemas de	Problemas emocionales antiguos. Falta de alegría. Endurecimiento del corazón. Tensión y estrés.	*Júbilo. Júbilo. Júbilo. Con amor permito que el júbilo fluya por mi mente, mi cuerpo y mi experiencia.*
– Ataque al	Alguien que por dinero, posición, etc., saca de su corazón toda alegría y todo júbilo.	*Devuelvo el júbilo al centro de mi corazón. A todos expreso mi amor.*
Cuello	Representa flexibilidad. La capacidad de ver lo que hay detrás.	*Estoy en paz con la vida.*
Cuello, problemas de	Negativa a ver más de un aspecto de una cuestión. Terquedad, inflexibilidad.	*Fácilmente veo todos los aspectos de un problema. Hay interminables maneras de hacer y ver las cosas. Estoy a salvo.*
Cuello, rigidez del	Obstinación inflexible.	*No hay peligro en ver otros puntos de vista.*
Cushing, síndrome de	Desequilibrio mental. Agobiante superproducción de ideas. Sensación de estar abrumado.	*Con amor equilibro mente y cuerpo. Elijo pensar lo que me hace sentir bien.*
Dedos	Representan los detalles de la vida.	*Estoy en paz con los detalles de la vida.*
– Pulgar	Representa el intelecto y la preocupación.	*Mi mente está en paz.*
– Índice	Representa el yo y el miedo.	*Estoy a salvo y seguro.*
– Medio	Representa la cólera y la sexualidad.	*Estoy cómodo con mi sexualidad.*
– Anular	Representa las uniones y el duelo.	*Doy pacíficamente amor.*

– Meñique	Representa la familia y la falsedad.	Con la familia de la vida soy yo mismo.
Desmayos	Miedo que no se puede enfrentar. Pérdida de conciencia.	No hay peligro en ser yo. Expreso quién soy.
Diabetes	Nostalgia de lo que pudo haber sido. Gran necesidad de controlar. Tristeza profunda. Ni restos de dulzura.	Este momento está lleno de júbilo. Opto por experimentar la dulzura del día de hoy.
Diarrea	Miedo. Rechazo. Huida.	Ingesta, asimilación y eliminación están en orden. Estoy «en paz con…».
Dientes	Representan decisiones.	Tomo mis decisiones basándome en los principios de la verdad, y descanso tranquilo sabiendo que en mi vida sólo la Recta Acción funciona.
– Problemas de los	Indecisión antigua. Incapacidad de descomponer las ideas para analizarlas y decidir.	
Distrofia muscular	Miedo extremo. Deseo frenético de controlarlo todo y a todos. Profunda necesidad de sentirse seguro. Pérdida de fe y confianza.	No hay peligro en estar vivo ni en ser yo. Está bien que sea como soy y tengo confianza en mí mismo.
Dolor continuo	Nostalgia de amor. Nostalgia de ser abrazado.	Me amo y me apruebo. Soy capaz y digno de amor.
Dolores	Culpa. La culpa siempre busca castigo.	Con amor me libero del pasado. Ellos son libres y yo también. Todo está bien en mi corazón.

Eczema	Antagonismo intenso. Erupciones mentales.	*La armonía, la paz, el amor y el júbilo me rodean y moran dentro de mí. Estoy a salvo y seguro.*
Edad, problemas de la	Creencias sociales. Ideas antiguas. Miedo de ser uno mismo. Rechazo del presente.	*Me amo y me acepto a cualquier edad. Cada momento de la vida es perfecto.*
Edema	¿De qué o de quién no quiere desprenderse?	*De buen grado renuncio al pasado. No hay peligro en liberarme de él, y ahora soy libre.*
Encías, problemas de	Incapacidad de mantener decisiones. Indiferencia ante la vida.	*Soy una persona decidida, y me apoyo a mí misma con amor.*
Encías sangrantes	Falta alegría en las decisiones que se toman en la vida.	*En mi vida se da siempre la acción correcta. Estoy en paz.*
Enfermedades crónicas	Negativa a cambiar. Miedo al futuro. Falta sentimiento de seguridad.	*Me dispongo a cambiar y crecer. Me estoy creando un futuro nuevo y seguro.*
Enfisema	Miedo de aceptar la vida. Sentimiento de no ser digno de vivir.	*Tengo derecho a vivir plena y libremente. Amo la vida, y me amo.*
Entumecimiento	Retención del amor y la consideración.	*Comparto mis sentimientos y mi amor, y respondo al amor que hay en todos.*
Enuresis	Miedo de uno de los progenitores, en especial del padre.	*Aceptamos a este niño con amor, compasión y comprensión. Todo está bien.*

Epilepsia	Sentimiento de persecución y de intensa pugna. Rechazo de la vida. Violencia autoimpuesta.	*Opto por ver la vida como algo eterno y jubiloso. Soy eterno y jubiloso, y estoy en paz.*
Equilibrio, pérdida del	Pensamiento disperso, no centrado.	*Me centro en la seguridad y acepto la perfección de mi vida. Todo está bien.*
Eructos	Miedo. Alguien que se traga con demasiada rapidez la vida.	*Hay tiempo y espacio para todo lo que necesito hacer. Estoy en paz.*
Erupciones	Irritación por demoras. Manera infantil de llamar la atención.	*Me amo y me apruebo. Estoy en paz con el proceso de la vida.*
Escalofríos	Contracción mental, alejamiento y retraimiento. Deseo de retirarse y de que lo dejen a uno en paz.	*Estoy a salvo y seguro en todo momento. El amor me rodea y me protege. Todo está bien.*
Esclerodermia	Sensación de desprotección e inseguridad. Alguien que se siente irritado y amenazado por otros.	*Divinamente protegido, estoy a salvo en todo momento. Todo lo que hago está bien y me aporta amor, que acepto con placer y júbilo.*
Esclerosis múltiple	Rigidez mental, dureza de corazón, voluntad de hierro, inflexibilidad. Miedo.	*Al elegir el amor y los pensamientos alegres me creo un mundo amable y jubiloso. Me siento libre y a salvo.*
Escoliosis	Véase *Espaldas*.	
Espalda	Representa el apoyo de la vida.	*Sé que la vida siempre me apoya.*

Espalda, problemas de la		
– Parte alta	Falta de apoyo emocional. Sensación de no ser querido. Retención del amor.	*Me amo y me apruebo. La vida me apoya y me ama.*
– Parte media	Culpa. Alguien atascado en el pasado, al que ve como una carga.	*Me desprendo del pasado. Soy libre de avanzar con amor en el corazón.*
– Parte baja	Miedo a quedarse sin dinero. Falta de apoyo financiero.	*Confío en el proceso de la vida, que se ocupa siempre de todo lo que necesito. Estoy a salvo.*
Espaldas, cargado de	Alguien que carga con el peso de la vida. Desvalimiento y desesperanza.	*Me yergo alto y libre. Me amo y me apruebo. Mi vida mejora día a día.*
Espinillas	Alguien que se siente sucio y no querido.	*Me amo y me apruebo. Amo y soy digno de amor.*
Esterilidad	Miedo y resistencia ante el proceso de la vida, o falta de necesidad de tener la experiencia de la maternidad (o la paternidad).	*Confío en el proceso de la vida. Estoy siempre en el lugar adecuado, haciendo lo adecuado en el momento adecuado. Me amo y me apruebo.*
Estómago	Contiene el alimento. Digiere ideas.	*Digiero fácilmente la vida.*
– Problemas de	Miedo. Temor de lo nuevo. Incapacidad de asimilar lo nuevo.	*La vida está de acuerdo conmigo. Asimilo los nuevos momentos que me trae cada día. Todo está bien.*

Estreñimiento	Negativa a renunciar a viejas ideas. Alguien que se atasca en el pasado. A veces, mezquindad.	*A medida que renuncio al pasado, entran en mi interior lo nuevo, lo fresco y lo vital. Permito que la vida fluya a través mío.*
Fatiga	Resistencia, aburrimiento. Falta de amor por lo que se hace.	*Estoy lleno de energía y entusiasmo por la vida.*
Fibroides y quistes	Alguien que cultiva resentimientos hacia su pareja. Un golpe para el yo femenino.	*Renuncio al modelo mental que provocó esta experiencia. Sólo creo el bien en mi vida.*
Fibrosis quística	Firme creencia en que la vida no funcionará para uno.	*La vida me ama y yo la **amo**, y opto por recibirla plena y libremente.*
Fiebre del heno	Congestión emocional. Miedo del calendario. Alguien que se siente perseguido. Culpa.	*Soy uno con la totalidad de la vida. En todo momento estoy a salvo.*
Fiebres	Cólera abrasadora.	*Soy una tranquila y serena expresión de paz y amor.*
Fístula	Miedo. Bloqueo en el proceso de liberación.	*Estoy a salvo. Confío en el proceso de la vida, porque me pertenece.*
Flebitis	Cólera y frustración. Alguien que culpa a otros por la limitación y la falta de alegría que hay en su vida.	*El júbilo fluye libremente dentro de mí, y estoy en paz con la vida.*
Fluidos, retención de	¿Qué tiene miedo de perder?	*Jubilosamente dejo fluir y me libero.*

Forúnculos	Cólera bullente.	*Expreso amor y júbilo, y estoy en paz.*
Frigidez	Miedo. Negación del placer. Creencia en que la sexualidad es mala. Pareja insensible.	*No hay peligro en disfrutar de mi propio cuerpo. Me alegro de ser mujer.*
Gangrena	Morbosidad mental. Pensamientos ponzoñosos sofocan la alegría.	*Escojo pensamientos armoniosos y dejo que el júbilo fluya a través mío.*
Garganta	Canal de expresión y de creatividad.	*Abro mi corazón y canto los gozos de la vida.*
– Nudo en la	Miedo. Falta de confianza en el proceso de la vida.	*Estoy a salvo. Confío en que la vida me pertenece. Me expreso libre y jubilosamente.*
– Problemas de la	Incapacidad de hacerse valer. Alguien que se traga su cólera. Creatividad sofocada. Negativa a cambiar.	*Está bien emitir sonidos. Me expreso libre y jubilosamente. Me hago valer sin problemas. Expreso mi creatividad y me dispongo a cambiar.*
Gases, dolores por	Contractura. Miedo. Ideas sin digerir.	*Me relajo y dejo fluir la vida libremente a través mío.*
Gastritis	Incertidumbre prolongada. Sentimiento fatalista.	*Me amo y me apruebo. Estoy a salvo.*
Genitales	Representan los principios masculino y femenino.	*No hay peligro en ser quien soy.*
– Problemas de los	Preocupación por no «servir...».	*Me complazco en mi propia expresión de la vida. Como soy, soy perfecto. Me amo y me apruebo.*

Glándulas	Representan estaciones de abastecimiento. Son la actividad que se inicia.	*En mi mundo yo soy el poder creativo.*
Glandulares, problemas	Mala distribución de las ideas de movilización.	*Tengo las ideas y la actividad que necesito, y marcho hacia adelante.*
Gordura	Deseo de protección. Hipersensibilidad.	*El amor divino me protege. Estoy a salvo y seguro.*
Gota	Necesidad de dominio, impaciencia, cólera.	*Estoy a salvo y seguro, en paz conmigo mismo y los demás.*
Goteo nasal	Llanto interior. Lágrimas infantiles. Víctima.	*Reconozco y acepto que soy el poder creativo en mi mundo. Decido disfrutar de mi vida.*
Gripe	Reacción a creencias negativas de la masa. Miedo. Fe en la estadística.	*Estoy más allá de las creencias o el calendario del grupo, y libre de toda congestión e influencia.*
Hemorragias	El júbilo se escapa. Cólera. ¿Pero dónde?	*Soy el júbilo de la vida que se expresa y recibe en un ritmo perfecto.*
Hemorroides	Miedo a los plazos establecidos. Cólera con el pasado. Miedo a aflojarse. Sensación de estar recargado.	*Me libero de todo lo que no sea amor. Hay tiempo y lugar para todo lo que quiero hacer.*
Hepatitis	Resistencia al cambio. Miedo, cólera, odio. El hígado es la sede del enojo y la rabia.	*Mi mente está libre y despejada. Renuncio al pasado y avanzo hacia lo nuevo. Todo está bien.*

Hernia	Ruptura de relaciones. Tensión, cargas. Expresión creativa incorrecta.	Mi mente es suave y armoniosa. Me amo y me apruebo. Soy libre de ser yo.
Hernia discal	Sensación de no recibir ningún apoyo de la vida. Indecisión.	La vida apoya todos mis pensamientos; por eso me amo y me apruebo, y todo está bien.
Herpes	Creencia en la culpa sexual y en la necesidad de castigo. Vergüenza pública. Fe en un Dios implacable. Rechazo de los genitales.	Mi concepto de Dios me apoya. Soy normal y natural. Me alegran mi sexualidad y mi cuerpo. Soy perfecto.
Hígado	Asiento de la cólera y de las emociones primitivas.	El amor, la paz y la alegría son lo que profeso.
– Problemas de	Quejoso crónico que se autoengaña justificándose como exigente y se siente mal.	Escojo vivir por mediación del espacio abierto en mi corazón. Busco amor y en todas partes·lo encuentro.
Hinchazón	Ideas atascadas, pegoteadas y dolorosas.	Mis ideas fluyen libre y fácilmente, y entre ellas me muevo con soltura.
Hiperglucemia	Véase Diabetes.	
Hipertiroidismo	Decepción por no poder hacer lo que uno quiere. Alguien que siempre intenta satisfacer a los demás y casi nunca a sí mismo.	Devuelvo mi poder al lugar correcto. Tomo mis propias decisiones y me realizo.
Hiperventilación	Miedo, resistencia al cambio, desconfianza del proceso de la vida.	Estoy a salvo en cualquier lugar del Universo. Me amo y confío en el proceso de la vida.

Hipoglucemia	Alguien abrumado por las cargas de la vida, que se pregunta continuamente: ¿De qué sirve?	*Escojo hacer de mi vida algo sencillo, fácil y gozoso.*
Hodgkin, enfermedad de	Culpa y miedo tremendos de «no servir». Carrera frenética por demostrar el propio valor, agotando la capacidad de sostén de la sangre. Al buscar aceptación se olvida la alegría de vivir.	*Me siento feliz de ser yo. Tal como soy estoy bien. Me amo y me apruebo. Soy alegría que se expresa y se recibe.*
Hombros	Están hechos para transportar alegría, no cargas.	*Me siento libre y jubiloso.*
Huesos	Representan la estructura del Universo.	*Estoy bien estructurado y equilibrado.*
Huesos, problemas de		
– Deformaciones	Tensiones y presiones mentales. Músculos que no pueden estirarse. Pérdida de movilidad mental.	*Inspiro plenamente la vida. Me relajo y confío en el fluir y el proceso de la vida.*
– Fracturas	Rebelión contra la autoridad.	*En mi mundo, soy mi propia autoridad, porque en mi mente soy el único que piensa.*
Ictericia	Prejuicio interno y externo. Razón desequilibrada.	*Siento tolerancia, compasión y amor por todos, también por mí.*
Ileítis	Miedo y preocupación por «no servir».	*Me amo y me apruebo. Estoy haciéndolo lo mejor que puedo. Soy perfecto. Estoy en paz.*

Impotencia	Presión sexual, tensión y culpa. Creencias sociales. Rencor contra una pareja anterior. Miedo de la madre.	Permito que el pleno poder de mi principio sexual opere fácilmente y con alegría.
Incontinencia	Dejarse ir. Sensación de pérdida del control emocional. Carencia de autonutrición.	Al alimentarme, alimento a quienes me rodean. Soy tierno y cariñoso.
Incurable	Lo que a estas alturas no se puede curar por medios externos, sino «yendo hacia adentro». Vino de la nada y volverá a la nada.	Suceden milagros a diario. Me interiorizo para disolver el modelo mental que provocó esto y acepto la curación divina. Así sea.
Indigestión	Miedo visceral, terror, angustia.	Digiero y asimilo jubilosamente y en paz toda experiencia nueva.
Infección	Irritación, cólera, fastidio.	Elijo estar en paz y armonía.
Infecciones urinarias	Alguien que se siente irritado, generalmente por un amante u otro individuo del sexo opuesto. Alguien que culpa a los demás.	Renuncio al modelo mental que creó esta afección. Me dispongo a cambiar. Me amo y me apruebo.
Inflamación	Miedo. Alguien que se sale de sus casillas. Pensamiento inflamado.	Mi pensamiento es pacífico, sereno y centrado.
Insania	Huida de la familia. Escapismo, retraimiento. Violenta separación de la vida.	Mi mente conoce su verdadera identidad y es un punto creativo de la autoexpresión divina.

Insomnio	Miedo. Falta de confianza en el proceso de la vida. Culpa.	Con amor despido el día y me hundo en un sueño tranquilo, con la seguridad de que mañana todo se resolverá por sí mismo.
Intestinos – Problemas de	Representan la liberación de desechos. Miedo de deshacerse de lo viejo e innecesario.	Es fácil soltarse. Libre y fácilmente me deshago de lo viejo y con júbilo acojo lo nuevo.
«Itis»	Cólera y frustración por las condiciones que uno ve en su vida.	Estoy en disposición de cambiar todos mis patrones críticos. Me amo y me apruebo.
Lágrimas	Vertidas por alegría, miedo o tristeza, son el río de la vida.	Estoy en paz con todas mis emociones. Me amo y me apruebo.
Laringitis	Alguien que está tan furioso que no puede hablar. Miedo de hacerse valer. Resentimiento con la autoridad.	Soy libre de pedir lo que quiero. No hay peligro en expresarme. Estoy en paz.
Lepra	Incapacidad absoluta para manejar la vida. Antigua creencia en que uno «no sirve» o es impuro.	Me elevo por encima de toda limitación. La Divinidad me guía e inspira. El amor lo cura todo.
Leucemia	Muerte brutal de la inspiración. Alguien que se dice continuamente: Todo es inútil.	Más allá de las limitaciones pasadas me adentro en la libertad del momento presente. No hay peligro en ser yo.

Leucorrea	Creencia en que la mujer no tiene poder sobre el sexo opuesto. Enojo con la pareja.	Yo creo todas mis experiencias. Soy el poder. Disfruto de mi condición de mujer, y soy libre.
Linfa, problemas de la	Advertencia de que hay que volver a centrar la mente en lo esencial de la vida: amor y júbilo.	Me centro totalmente en el amor y el júbilo de estar vivo. Fluyo con la vida. Mía es la paz de la mente.
Lupus	Renuncia. Se cree que es mejor morir que hacerse valer. Cólera y castigo.	Me hago valer libre y fácilmente. Reclamo mi poder. Me amo y me apruebo. Estoy a salvo y soy libre.
Magulladuras	Los pequeños golpes de la vida. Autocastigo.	Me amo y me cuido. Soy bondadoso y tierno conmigo mismo. Todo está bien.
Mal aliento	Ideas de cólera y venganza. Experiencias que las respaldan.	Con amor me desprendo del pasado. Decido no expresar más que amor.
Mandíbula, problemas de la	Cólera, resentimiento, deseo de venganza.	Me dispongo a cambiar los modelos mentales causantes de esta situación. Me amo, me apruebo y estoy a salvo.
Manos	Sostienen y manejan. Aferran y aflojan. Acarician. Pellizcan. Todas las formas de enfrentar las experiencias.	Decido manejar todas mis experiencias fácilmente, con amor y júbilo.
Mareo (en viajes)	Miedo, sobre todo a la muerte. Falta de control.	Estoy totalmente a salvo en el Universo, y en paz en todas partes. Confío en la vida.

Mastoiditis	Cólera y frustración. Deseo de no oír lo que está pasando. Generalmente se da en niños. El miedo infecta el entendimiento.	*La paz y la armonía divinas me rodean y están en mí. Soy un oasis de paz, amor y júbilo. Todo está bien en mi mundo.*
Meningitis	Gran discordia familiar. Atmósfera de cólera y miedo. Torbellino interior. Falta de apoyo.	*Creo la paz en mi mente, mi cuerpo y mi mundo. Todo está bien. Estoy a salvo y me aman.*
Menopausia, problemas de la	Miedo de dejar de ser querida y de envejecer. Rechazo de sí misma. «No sirvo».	*Me siento equilibrada y serena en todos los cambios de ciclos, y bendigo a mi cuerpo con amor.*
Menstruales, problemas	Rechazo de la propia feminidad. Culpa, miedo. Creencia en que los genitales son pecaminosos o sucios.	*Acepto mi pleno poder de mujer y acepto como normales y naturales todos los procesos de mi cuerpo. Me amo y me apruebo.*
Migrañas	Disgusto por dejarse llevar. Resistencia al fluir de la vida. Miedos sexuales. (Generalmente, la masturbación puede aliviarlas.)	*Me relajo en el fluir de la vida y dejo que ella me proporcione fácil y cómodamente todo lo que necesito. La vida me pertenece.*
Miopía	Miedo al futuro. Desconfianza de lo que vendrá.	*Confío en el proceso de la vida. Estoy a salvo.*
Mononucleosis	Alguien con un modelo mental que lleva a desvalorizar la vida. Alguien que agravia a otros. Mucha crítica interna. Hábito de jugar a «¿No es terrible?».	*Soy uno con la totalidad de la vida. Me veo con los otros y me gusta lo que veo. Me regocijo por estar vivo.*

193

Movimiento, mareos por	Miedo al descontrol.	Controlo siempre mis pensamientos. Estoy a salvo. Me amo y me apruebo.
Muela del juicio, problemas	Alguien que no se da espacio mental para crear una base firme.	Abro mi conciencia a la expansión de la vida. Hay espacio abundante para que yo pueda crecer y cambiar.
Mujer, problemas de la	Negación de sí misma. Rechazo de la feminidad, del principio femenino.	Me regocijo en mi feminidad. Me gusta ser mujer. Amo mi cuerpo.
Muñeca	Representa el movimiento y la soltura.	Manejo todas mis experiencias fácilmente, con amor y prudencia.
Nacimiento, defectos de	Kármicos. Usted eligió venir así. Escogemos a nuestros padres.	Toda experiencia es perfecta para nuestro proceso de crecimiento. Estoy en paz donde me encuentro.
Nalgas	Representan poder. Nalgas flojas, falta de poder.	Uso con prudencia mi poder. Soy fuerte. Me siento seguro. Todo está bien.
Narcolepsia	Incapacidad de arreglárselas. Miedo extremo. Alguien que quiere apartarse de todo, y no estar aquí.	Confío en que la sabiduría divina me proteja y me guíe siempre. Estoy a salvo.
Nariz	Representa el reconocimiento de uno mismo.	Reconozco mi propia capacidad intuitiva.
Nasal, hemorragia	Necesidad de reconocimiento. Sensación de no ser reconocido y de pasar inadvertido. Alguien que clama por amor.	Me amo y me apruebo. Reconozco mi propio valor. Soy perfecto.

Náusea	Miedo. Rechazo de una idea o una experiencia.	*Estoy a salvo. Confío en que el proceso de la vida no me aporte más que lo bueno.*
Nefritis	Reacción exagerada ante la decepción y el fracaso.	*En mi vida sólo existe la acción correcta. Me desprendo de lo viejo y doy la bienvenida a lo nuevo. Todo está bien.*
Nervios	Representan la información. Son receptores informativos.	*Me comunico fácil y alegremente.*
Nerviosa, crisis	Alguien centrado en sí mismo. Bloqueo de los canales de comunicación.	*Abro mi corazón para crear solamente comunicaciones armoniosas. Estoy a salvo. Me encuentro bien.*
Nerviosismo	Miedo, angustia, pugna, precipitación. Desconfianza ante el proceso de la vida.	*Voy en viaje interminable por la eternidad, y me sobra tiempo. Me comunico con el corazón. Todo está bien.*
Neumonía	Alguien desesperado, cansado de la vida. Heridas emocionales a las que no se permite curar.	*Libremente absorbo las ideas divinas, llenas de la inspiración y la inteligencia de la vida. Este momento es nuevo.*
Neuralgia	Sentimiento de culpa. Autocastigo. Angustia por la comunicación.	*Me perdono, me amo y me apruebo. Me comunico con amor.*
Niños, enfermedades de los	Fe en calendarios, conceptos sociales y falsas leyes. Comportamiento infantil en los adultos que los rodean.	*Este niño cuenta con la protección divina y está rodeado de amor. Pedimos inmunidad mental.*

Nódulos	Resentimiento y frustración egoístas por la carrera.	*Me desprendo del patrón de demora que llevo dentro y dejo que el éxito sea mío.*
Oídos	Representan la capacidad de oír.	*Oigo con amor.*
– Dolor de	Cólera. Alguien que no quiere oír. Demasiado alboroto. Discusiones entre los padres.	*La armonía me rodea. Escucho con amor lo bueno y lo placentero. Soy centro de amor.*
Ojos	Representan la capacidad de ver claramente pasado, presente y futuro.	*Veo con amor y júbilo.*
Ojos, problemas de los	Alguien a quien no le gusta lo que ve en su vida.	*Me estoy creando una vida que me encanta mirar.*
– Astigmatismo	«Yo perturbo.» Miedo de verse realmente a sí mismo.	*Me dispongo a ver mi belleza y mi magnificencia.*
– Cataratas	Incapacidad de mirar hacia adelante con júbilo. Futuro sombrío.	*La vida es eterna y está llena de júbilo.*
– Enrojecidos	Cólera y frustración. Alguien que no quiere ver.	*Renuncio a la necesidad de tener razón. Estoy en paz. Me amo y me apruebo.*
– Estrabismo convergente	Alguien que no quiere ver lo que hay afuera. Propósitos contradictorios.	*No hay peligro en ver. Estoy en paz.*
– Estrabismo divergente	Temor a mirar el presente, el aquí y ahora.	*Me amo y me apruebo en el aquí y el ahora.*

– Glaucoma	Férrea negativa a perdonar. Presión de heridas muy antiguas. Alguien abrumado por todo eso.	Veo con amor y ternura.
– Miopía	Miedo al futuro.	Acepto la orientación divina y estoy siempre a salvo.
– Niños, en los	Negativa a ver lo que sucede en la familia.	Ahora, este niño está rodeado de armonía, júbilo, seguridad y belleza.
– Presbicia	Miedo al presente.	Veo que estoy a salvo aquí y ahora.
Olor corporal	Miedo. Disgusto consigo mismo. Temor de los demás.	Me amo y me apruebo. Estoy a salvo.
Osteomielitis	Cólera y frustración por la estructura misma de la vida. Sensación de falta de apoyo.	Estoy en paz con el proceso de la vida y confío en él. Me siento a salvo.
Ovarios	Representan puntos de creatividad.	Mi proceso creativo es equilibrado.
Páncreas	Representa la dulzura de la vida.	Mi vida es dulce.
Pancreatitis	Rechazo. Frustración y cólera porque la vida parece haber perdido su dulzura.	Me amo y me apruebo. Estoy creando dulzura y alegría en mi vida.
Parálisis	Temor, terror. Huida de una situación o de una persona. Resistencia.	Soy uno con la totalidad de la vida. Estoy a salvo, y me siento totalmente adecuado para cualquier situación.
Parkinson, enfermedad de	Miedo e intenso deseo de controlarlo todo y a todos.	Me relajo en la seguridad de que no hay peligro. La vida me pertenece, y confío en su proceso.

Pechos	Representan la maternidad y la ternura.	En perfecto equilibrio, recibo y doy alimento y ternura.
Pechos, problemas de los		
– Bultos, quistes, hipersensibilidad	Exageración de la actitud maternal. Sobreprotección. Actitudes despóticas. Retiro del alimento.	Soy libre de ser yo misma y dejo a los demás en libertad de ser quienes son. No hay peligro en que cada uno de nosotros crezca.
Péptica, úlcera	Miedo. Alguien que cree que «no sirve...». Ansiedad por agradar.	Me amo y me apruebo. Estoy en paz conmigo mismo. Soy perfecto.
Peso, exceso de	Miedo, necesidad de protección. Huida de los sentimientos. Inseguridad, rechazo de sí.	Creo mi propia seguridad. me amo y me apruebo.
Pie de atleta	Frustración por no ser aceptado. Incapacidad de avanzar fácilmente.	Me amo y me apruebo. Me permito avanzar. No hay peligro en moverme.
Piel	Protege nuestra individualidad y es un órgano sensorial.	Me siento seguro al ser yo.
– Problemas de la	Angustia, miedo. Antigua repugnancia escondida. Alguien que se siente amenazado.	Amorosamente me protejo con pensamientos de paz y alegría. Olvido y perdono el pasado. Soy libre.
Piernas	Nos llevan adelante en la vida.	La vida me pertenece.

Piernas, problemas de las		
– Parte superior	Alguien que se aferra a viejos traumas infantiles.	*Ellos actuaron lo mejor posible con el entendimiento, la conciencia y el conocimiento que tenían. Los dejo en libertad.*
– Parte inferior	Miedo del futuro. Negativa a moverse.	*Avanzo con confianza y alegría, sabiendo que todo está bien en mi futuro.*
Pies	Representan nuestro entendimiento de nosotros mismos, de la vida, de los otros.	*Mi entendimiento es claro, y estoy dispuesto a cambiar con los tiempos. Estoy a salvo.*
– Dedos de los	Representan los detalles secundarios del futuro.	*Todos los detalles se cuidan de sí mismos.*
– Problema de los	Miedo del futuro y de no avanzar en la vida.	*Avanzo por la vida con facilidad y alegría.*
Piorrea	Cólera ante la incapacidad de tomar decisiones. Personas indecisas.	*Me apruebo, y mis decisiones son perfectas para mí.*
Pituitaria, glándula	Representa el centro de control.	*Mi mente y mi cuerpo están en perfecto equilibrio, y yo controlo mis pensamientos.*
Polio	Celos paralizantes. Deseo de detener a alguien.	*Hay suficiente para todos. Con pensamientos de amor, me creo mi bien y mi libertad.*

Presión sanguínea		
– Alta	Problema emocional antiguo, no resuelto.	*Jubilosamente me desprendo del pasado. Estoy en paz.*
– Baja	Falta de amor en la infancia. Derrotismo. Alguien que se dice: «De qué sirve; igual no funcionará.»	*Decido vivir en el presente siempre jubiloso.*
Próstata	Representa el principio masculino.	*Acepto mi masculinidad con regocijo.*
– Problemas de la	Miedos mentales que debilitan la masculinidad. Renuncia, presión sexual y culpa. Alguien que cree estar envejeciendo.	*Me amo, me apruebo y acepto mi propio poder. Soy eternamente joven de espíritu.*
Psoriasis	Miedo de ser herido. Amortiguación de los sentidos y del sí mismo. Negativa a aceptar la responsabilidad de los propios sentimientos.	*Me abro a las alegrías de la vida. Merezco y acepto lo mejor de ella. Me amo y me apruebo.*
Púbico, hueso	Representa la protección genital.	*Mi sexualidad está a salvo.*
Púbico, vello	Representa a la vez atracción y ocultamiento. Ni los niños ni los ancianos lo tienen.	
Pulmón	La capacidad de inspirar la vida.	*En perfecto equilibrio inspiro la vida.*
– Problemas de	Depresión. Duelo. Miedo de inspirar la vida. Alguien que se siente indigno de vivir plenamente.	*Tengo capacidad de inspirar la plenitud de la vida, y con amor la vivo plenamente.*
Quemaduras	Cólera. Alguien que arde de furia.	*En mí mismo y en mi ambiente, sólo creo paz y alegría. Merezco sentirme bien.*

Queratitis	Cólera extrema. Deseo de atacar lo que uno ve.	Permito que el amor de mi corazón cure todo lo que veo. Elijo la paz. Todo está bien en mi mundo.
Quistes	Alguien que vuelve a pasar una vieja película dolorosa y cultiva agravios. Falsos crecimientos.	Las películas de mi mente son hermosas porque así las escojo. Me amo.
Rabia	Cólera. Creencia en que la violencia es la respuesta.	Estoy rodeado y lleno de paz.
Raquitismo	Desnutrición emocional. Falta de amor y seguridad.	El amor del Universo me alimenta y me da seguridad.
Recto	Véase Ano.	
Resfriados	Suceden demasiadas cosas juntas. Confusión y desorden mental. Pequeños agravios. Creencia en que «cada invierno, tres resfriados».	Dejo que mi mente se relaje y se sienta en paz. La claridad y la armonía me rodean y están dentro de mí.
Respiración	Representa la capacidad de inspirar la vida.	Amo la vida.
– Problemas de	Miedo o negativa a aceptar plenamente la vida. Alguien que se siente sin derecho a ocupar espacio, e incluso a existir.	Tengo derecho a vivir plena y libremente. Merezco amor. Decido vivir plenamente la vida.
Reumatismo	Sentimiento de ser víctima. Falta de amor. Amargura crónica, resentimiento.	Creo mis propias experiencias. El amor y la aprobación de mí mismo y de otros hacen que mis experiencias sean cada vez mejores.

Rigidez	Pensamiento rígido.	*Me siento lo suficientemente seguro para ser mentalmente flexible.*
Riñón, problemas de	Críticas, decepción, fracaso. Vergüenza. Alguien que reacciona como un niño.	*La acción divina siempre opera en mi vida. El resultado de cada experiencia es el bien. No hay peligro en crecer.*
Rodilla	Representa el orgullo y el yo.	*Soy flexible y fluido.*
– Problemas de la	Orgullo y obstinación. Incapacidad de inclinarse. Miedo, inflexibilidad, mala disposición a ceder.	*Perdón.. Comprensión. Compasión. Me inclino y fluyo con facilidad, y todo está bien.*
Ronquidos	Negativa obstinada a abandonar viejos modelos mentales.	*Renuncio a todo lo que no sea amor y júbilo. Del pasado avanzo hacia lo nuevo, fresco y vital.*
Sangre	Representa la alegría que fluye libre por el cuerpo.	*Soy la alegría de vivir que se expresa y se recibe.*
Sangre, problemas de la	Falta de alegría. Las ideas no circulan.	*Nuevas y jubilosas ideas circulan libremente dentro de mí.*
– Coágulos	Obstruyen el fluir de la alegría.	*Fluyo y despierto una nueva vida dentro de mí.*
Sarna	Pensamiento infectado. Alguien que permite que «se le metan bajo la piel».	*Soy la expresión viviente, amante y jubilosa de la vida. Soy dueño de mí mismo.*

Senilidad	Regreso a la supuesta seguridad de la infancia. Exigencia de cuidado y atención. Una forma de controlar a quienes nos rodean. Escapismo.	*Protección divina. Paz. Seguridad. La Inteligencia del Universo opera en todos los niveles de la vida.*
Senos craneales, problemas de los	Irritación con alguien muy próximo.	*En todo momento, la paz y la armonía están en mí y me circundan. Todo está bien.*
SIDA	Negación de sí mismo. Culpa sexual. Fuerte creencia en que uno «no sirve...».	*Soy una magnífica y divina expresión de la vida. Me regocijo en mi sexualidad. Me regocijo en todo lo que soy. Me amo.*
Sífilis	Véase *Venéreas, enfermedades.*	
Síndrome premenstrual	Alguien que deja reinar la confusión y da poder a influencias externas. Rechazo de los procesos femeninos.	*Me hago cargo de mi mente y de mi vida. Soy una mujer poderosa. Cada parte de mi cuerpo funciona a la perfección. Me amo.*
Sordera	Rechazo, obstinación, aislamiento. ¿Qué es lo que no quiere oír? «No me molesten.»	*Escucho la voz de lo divino y me regocijo por todo lo que soy capaz de oír. Soy uno con la totalidad.*
Tartamudez	Inseguridad. Falta de autoexpresión. Alguien a quien no se permite llorar.	*Soy libre de hablar en mi propia defensa. Estoy seguro de mi capacidad de expresión. Sólo me comunico con amor.*

Tenia	Alguien convencido de ser una víctima impura y desvalida ante las actitudes manifiestas de otras personas.	Los demás sólo reflejan los sentimientos que tengo hacia mí mismo. Amo y apruebo todo lo que soy.
Testículos	El principio masculino, la masculinidad.	No hay peligro en ser hombre.
Tetania	Cólera. Deseo de controlar. Negativa a expresar los sentimientos.	Confío en el proceso de la vida. No me cuesta pedir lo que quiero. La vida me apoya.
Tétanos	Necesidad de liberar sentimientos coléricos enconados.	Permito que el amor que fluye de mi corazón lave, purifique y cure mi cuerpo y mis emociones.
Timo	La glándula principal del sistema inmunitario. Cuando funciona mal: Sentimiento de ser atacado por la vida («Ellos vienen en mi busca»).	Mis pensamientos de amor mantienen sano mi sistema inmunitario. Estoy interior y exteriormente a salvo. Yo mismo me curo con amor.
Tinnitus	Negativa a escuchar. No oír la voz interior. Obstinación.	Confío en mi Ser Superior. Escucho con amor mi voz interior. Me libero de todo lo que no sea la acción del amor.
Tiroides	Humillación. «Nunca puedo hacer lo que quiero. ¿Cuándo llegará mi turno?»	Trasciendo viejas limitaciones y me permito expresarme libre y creativamente.
Tiña	Alguien que deja que otros se le metan bajo la piel y no se siente limpio ni bueno.	Me amo y me apruebo. Nadie ni nada tiene poder sobre mí. Soy libre.
Tobillo	Representa movilidad y dirección.	Avanzo fácilmente en la vida.

Torceduras	Cólera y resistencia. No querer moverse en cierta dirección en la vida.	Confío en que el proceso de la vida actúa para mi bien. Estoy en paz.
Trombosis coronaria	Sentimiento de soledad y miedo. «No sirvo... No hago bastante. Nunca lo lograré.»	Soy uno con la vida. El Universo me apoya totalmente. Todo está bien.
Tuberculosis	Alguien carcomido por el egoísmo, posesivo. Sentimientos crueles. Venganza.	Al amarme y aprobarme, me creo un mundo pacífico y jubiloso.
Tumores	Alguien que nutre viejas heridas y genera remordimiento.	Con amor me libero del pasado y atiendo a lo nuevo. Todo está bien.
Ulceras	Miedo. Alguien que cree no servir... ¿Qué es lo que lo carcome?	Me amo y me apruebo. Me siento en paz. Todo está bien.
Urticaria	Pequeños miedos ocultos. Granos de arena se convierten en montañas.	Llevo paz hasta el último rincón de mi vida.
Utero	Representa el hogar de la creatividad.	Mi cuerpo es mi hogar.
Uñas	Representan protección.	Puedo tantear sin peligro.
– Mordérselas	Frustración. Alguien que se come a sí mismo. Resentimiento con uno de los padres.	No hay peligro en crecer. Vivo con facilidad y alegría.
Uñas de los pies encarnadas	Preocupación y culpa por el propio derecho a avanzar.	Es mi derecho divino escoger mi dirección en la vida. Estoy a salvo. Soy libre.
Vaginitis	Enfado con la pareja. Culpa sexual. Castigo de sí misma.	Otros reflejan el amor y la aprobación que siento por mí misma. Me regocijo en mi sexualidad.

Vegetaciones adenoides	Fricciones y discusiones familiares. Niño que se siente un estorbo.	*Este niño es querido, bien acogido y amado.*
Vejiga, problemas de	Angustia. Alguien aferrado a viejas ideas. Miedo de aflojarse. Alguien que se siente irritado.	*Fácilmente renuncio a lo viejo y acojo lo nuevo en mi vida. Estoy a salvo.*
Venas varicosas	Alguien en una situación que le disgusta. Desánimo. Sensación de exceso de trabajo y responsabilidades.	*Estoy en lo cierto y vivo en la alegría. Amo la vida y circulo libremente.*
Venéreas, enfermedades	Culpa sexual. Necesidad de castigo. Creencia en que los genitales son sucios o pecaminosos. Maltrato a terceros.	*Con amor y alegría acepto mi sexualidad y su expresión. Sólo acepto pensamientos que me apoyan y me hacen sentir bien.*
Verruga plantar	Cólera como base del entendimiento. Creciente frustración respecto del futuro.	*Avanzo con facilidad y confianza. Confío en el proceso de la vida y fluyo con él.*
Verrugas	Pequeñas expresiones de odio. Convicción de fealdad.	*Soy la plena expresión del amor y la belleza de la vida.*
Vértigo	Fuga de pensamientos, dispersión. Negativa a mirar.	*Estoy profundamente centrado y en paz con la vida. No hay peligro en sentirse vivo y alegre.*
Vitíligo	No pertenencia. Sensación de estar completamente fuera de todo y no ser del grupo.	*Estoy en el mismo centro de la vida y totalmente conectado con el amor.*
Vulva	Representa la vulnerabilidad.	

En la infinitud de la vida, en donde estoy,
todo es perfecto, completo y entero.
Acepto la perfecta salud como el estado natural de mi ser.
Conscientemente renuncio a todos los modelos mentales
que desde mi interior pudieran expresarse
como algún malestar.
Con amor y aprobación me acepto.
Con amor y aprobación acepto mi cuerpo,
y lo nutro con bebidas y alimentos sanos,
y lo ejercito de formas gratificantes y entretenidas.
Reconozco en él un mecanismo
magnífico y asombroso, y agradezco el privilegio
de vivir en él, rebosante de energía.
Todo está bien en mi mundo.

LOS NUEVOS MODELOS MENTALES

Cara: *Acné:* Me amo y me acepto en el punto mismo en que estoy ahora. Soy admirable.

Senos craneales: Estoy en unidad con la vida. Nadie tiene el poder de irritarme si yo no me dejo irritar. Paz, armonía. Me niego a creer en los calendarios.

Ojos: Soy libre y miro libremente hacia adelante porque la vida es eterna y está llena de alegría. Veo con los ojos del amor, soy creativo y hablo con amor.

Garganta: Puedo hablar haciéndome valer, y expresarme libremente. Soy creativo y hablo con amor.

Pulmones: El aliento de la vida fluye fácilmente a través de mí. *Bronquitis:* Paz. Nadie puede irritarme. *Asma:* Soy libre de hacerme cargo de mi vida.

Corazón: Alegría, amor, paz. Jubilosamente acepto la vida.

Hígado: Me desprendo de todo aquello que ya no necesito. Ahora mi conciencia está depurada y mis conceptos son nuevos y vitales.

Intestino grueso: Soy libre: me desprendo del pasado. La vida fluye fácilmente a través de mí. *Hemorroides:* Me libero de todas las presiones y las cargas, y vivo en un presente jubiloso.

Genitales: *Impotencia:* Poder. Dejo que el potencial pleno de mi impulso sexual opere con facilidad y alegría. Con amor y júbilo acepto mi sexualidad. No hay culpa ni castigo.

Rodillas: Capacidad de perdón, tolerancia, compasión. Avanzo sin vacilar.

Piel: Llamo la atención con mi comportamiento positivo. Me siento seguro, y nadie amenaza mi individualidad. Estoy en paz; el mundo es seguro y amistoso. Renuncio a toda cólera y todo resentimiento. Cualquier cosa que necesite, siempre la hallaré. Acepto sin culpa mi propio bien. Estoy en paz con todas las pequeñas cosas de la vida.

Espalda: La vida misma es mi apoyo. Confío en el Universo. Libremente brindo amor y confianza. Parte inferior de la espalda: confío en el Universo. Soy valeroso e independiente.

Cerebro: La vida es, en su totalidad, cambio. Mis pautas de crecimiento se renuevan siempre.

Cabeza: Paz, amor, júbilo, calma. Me relajo abandonándome al fluir de la vida y dejo que ella fluya fácilmente a través mío.

Oídos: Estoy atento a Dios. Oigo los gozos de la vida, porque formo parte de ella. Escucho con amor.

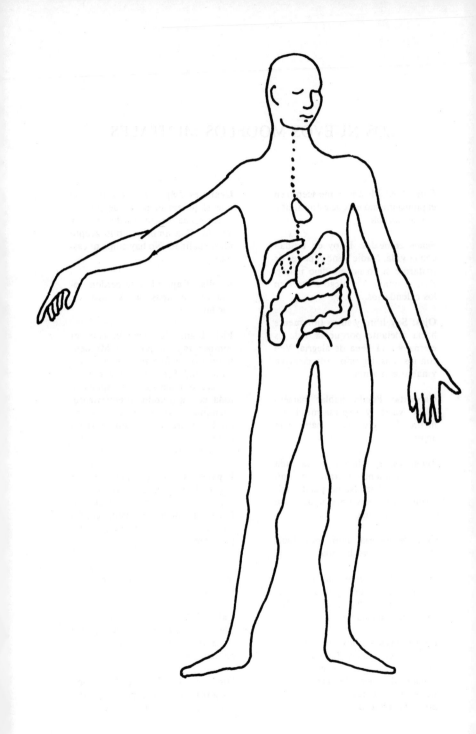

Boca: Soy una persona decidida y persistente. Con buena disposición acojo las ideas y los conceptos nuevos.

Cuello: Soy flexible y acepto de buen grado otros puntos de vista.

Hombros: *Bursitis:* Descargo mi cólera de maneras inofensivas. El amor libera y relaja. La vida es jubilosa y libre, y todo lo que acepto es bueno.

Manos: Manejo todas las ideas con amor y suavidad.

Dedos de las manos: Descanso en el conocimiento de que la sabiduría de la vida se encarga de todo.

Estómago: Asimilo fácilmente las ideas nuevas. La vida coincide conmigo; nada puede irritarme. Estoy en paz.

Riñones: En todas partes busco solamente el bien. Las cosas son como deben ser. Estoy realizado.

Vejiga: Me libero de lo viejo y doy la bienvenida a lo nuevo.

Pelvis: *Vaginitis:* Las formas y los canales pueden cambiar, pero el amor jamás se extravía. Menstruación: Con equilibrio sobrellevo todos los cambios cíclicos. Bendigo con amor mi cuerpo. Todas sus partes son hermosas.

Cadera: Avanzo jubilosamente con la ayuda del poder de la vida, acercándome a lo mejor para mí. Me siento seguro. *Artritis:* Amor. Capacidad de perdonar. Dejo que los demás sean ellos mismos, y yo soy libre.

Glándulas: Estoy en un equilibrio total. Mi organismo está en orden. Amo la vida y me muevo libremente.

Pies: Me afirmo en la verdad y avanzo con alegría. Tengo comprensión espiritual.

Este diagrama fue hecho por Meganne Forbes, valiéndose de *Heal Your Body* (Curar el cuerpo), libro de Louise L. Hay, publicado por ella misma en Nueva York, en 1979.

Los nuevos modelos mentales (afirmaciones positivas) pueden curar y relajar su cuerpo.

Cuarta parte

Capítulo 16

MI HISTORIA

«Todos somos uno.»

«¿Quiere contarme brevemente algo de su infancia?» He aquí una pregunta que he formulado a muchísimos clientes, y no porque necesite saber todos los detalles, sino porque quiero tener una visión general de su origen. Si ahora tienen problemas, los modelos mentales que los crearon se iniciaron hace largo tiempo.

Cuando yo tenía un año y medio, mis padres decidieron divorciarse. No recuerdo que aquello fuese tan malo, pero lo que sí recuerdo con horror es el hecho de que mi madre empezara a trabajar en una casa, haciendo trabajos domésticos, y me dejara a cargo de una familia amiga. Según cuentan, me pasé tres semanas llorando sin parar, y como las personas que me cuidaban no sabían qué hacer, mi madre tuvo que venir a buscarme y disponer las cosas de otra manera. Hoy admiro de cómo consiguió salir adelante sin respaldo alguno, pero entonces lo único que sabía, y que me importaba, era que no me prestaba la afectuosa atención a que yo estaba acostumbrada.

Jamás he podido saber si mi madre amaba a mi padrastro, o si simplemente se casó con él para que ella y yo pudiéramos tener un hogar. Pero la decisión no fue acertada. Aquel hombre se había criado en Europa, en un hogar muy germánico y con mucha brutalidad, y nunca llegó a entender que hubiera otra manera de llevar adelante una familia. Mi madre volvió a quedar embarazada y después, cuando yo tenía cinco años, sobrevino la depresión de 1930 y las dos, junto con mi hermana, nos encontramos confinadas en una casa donde reinaba la violencia.

Para completar el cuadro, fue también por aquella época cuando un vecino, un viejo borracho, me violó. Todavía recuerdo con total nitidez el examen médico y el proceso, del que yo, como testigo principal, fui la estrella. Al hombre lo sentenciaron a quince años de prisión, y como a mí me repitieron insistentemente que «la culpa era mía», me pasé muchos años temiendo que cuando lo dejaran en libertad vendría a vengarse de mí por haber tenido la maldad de enviarlo a la cárcel.

La mayor parte de mi niñez la pasé aguantando malos tratos físicos y sexuales, y haciendo además los trabajos más duros. Mi imagen de mí misma se deterioró cada vez más, y no parecía que hubiera muchas cosas que me fueran bien. Por cierto, empecé a expresar esa misma pauta en el mundo exterior.

Cuando estaba en cuarto grado hubo un incidente típico de lo que era mi vida. Un día teníamos una fiesta en la escuela, y se sirvieron varios pasteles. La mayoría de los niños, salvo yo, eran de familias de clase media, de posición desahogada. Yo andaba mal vestida, con el pelo mal cortado y unos viejos zapatos negros, y olía a ajo: todos los días tenía que comer ajo crudo, «por las lombrices». En casa, jamás comíamos pasteles, porque no podíamos permitírnoslo. Había una anciana vecina que todas las semanas me daba diez centavos, y un dólar el día de mi cumpleaños y en Navidad. Los diez centavos iban a engrosar el presupuesto familiar, y con el dólar me compraban ropa interior para todo el año, en las rebajas.

Pues bien, aquel día de la fiesta en la escuela había tantos pasteles que algunos chicos de los que podían comer pastel casi todos los días se sirvieron dos o tres porciones. Cuando la maestra llegó finalmente a donde yo estaba (y naturalmente fui la última), ya no quedaba nada, ni una sola porción.

Ahora veo claramente que era mi «creencia confirmada»

en que yo no servía para nada y no me *merecía* nada lo que aquel día me puso al final de la cola y me dejó sin pastel. Ese era mi *modelo mental,* y *ellos* no hacían más que reflejar mis creencias. A los quince años ya no pude seguir soportando los abusos sexuales y me escapé de casa y de la escuela. Encontré un trabajo como camarera que me pareció mucho más llevadero que todo lo que había tenido que aguantar en casa. Como estaba ávida de amor y afecto, y mi autoestima no podía ser más baja, de buena gana pagaba con mi cuerpo cualquier bondad que alguien pudiera demostrarme, y apenas cumplidos los dieciséis años di a luz una niña. Sentí que era imposible quedarme con ella, pero pude encontrarle un hogar bueno y afectuoso, un matrimonio sin hijos que estaba ansioso por tener un bebé. Durante los últimos cuatro meses viví en su casa, y al ingresar en el hospital anoté a la niña a nombre de ellos.

En semejantes circunstancias, jamás disfruté de las alegrías de la maternidad; de ella sólo conocí la pérdida, la vergüenza ý la culpa. Aquello fue sólo una época de humillación que había que pasar lo más pronto posible. Lo único que recuerdo de la niña son los dedos de los pies, grandes, exactamente iguales a los míos, y estoy segura de que si alguna vez nos encontrásemos, la reconocería si pudiera vérselos. La cedí cuando tenía cinco días.

Inmediatamente regresé a casa a decirle a mi madre, que seguía siendo una víctima:

–Vamos, no tienes por qué continuar soportando esto. Yo voy a sacarte de aquí.

Y se vino conmigo, dejando con su padre a mi hermanita de diez años, que siempre había sido la mimada de él.

Después de haberle ayudado a conseguir trabajo como mujer de la limpieza en un hotel pequeño, y de dejarla instalada en un apartamento donde estaba segura y cómoda, sentí que ya había cumplido con mis obligaciones y me fui con una amiga a Chicago, con la intención de estar un mes... pero no volví hasta pasados treinta años.

En aquellos primeros tiempos, la violencia de que había

sido objeto en mi niñez, unida a la sensación de inutilidad e insignificancia que me había creado, atraían a mi vida hombres que me maltrataban e incluso me golpeaban. Podría haberme pasado el resto de mi vida execrándolos, y probablemente hoy seguiría teniendo las mismas experiencias. Sin embargo, poco a poco, gracias a mis actividades laborales positivas, mi autoestima fue en aumento y ese tipo de hombres fue desapareciendo de mi vida. Estaba abandonando mi viejo modelo mental, mi convicción inconsciente de que yo me merecía esos abusos. No se trata de que justifique su comportamiento, pero si mi modelo mental no hubiera sido aquél, ellos no se habrían sentido atraídos hacia mí. Ahora, los hombres que abusan de las mujeres ni siquiera se enteran de que yo existo; nuestros modelos mentales respectivos ya no se atraen.

Después de algunos años en Chicago, haciendo labores domésticas, me fui a Nueva York y tuve la suerte de llegar a ser modelo de alta costura. Sin embargo, ni siquiera trabajar para los grandes diseñadores me ayudó a aumentar en mucho mi autoestima; sólo me dio recursos adicionales para encontrarme defectos. Me negaba a reconocer mi propia belleza.

Durante muchos años seguí en la industria de la moda. Conocí a un caballero inglés, encantador y educado, y me casé con él. Viajamos por todo el mundo, conocimos personajes importantes, incluso de la realeza, y hasta llegamos a cenar en la Casa Blanca. Yo era modelo y estaba casada con un hombre maravilloso, pero mi autoestima siguió siendo baja hasta años después, cuando inicié el trabajo interior.

Un día, después de catorce años de matrimonio, él me dijo que deseaba casarse con otra, precisamente cuando yo estaba empezando a creer que las cosas buenas podían ser duraderas. Sí, fue un golpe aplastante. Pero el tiempo pasa, y sobreviví. Podía sentir cómo cambiaba mi vida, y una primavera me lo confirmó un numerólogo, diciéndome que un suceso muy pequeño cambiaría mi vida en otoño.

Tan pequeño fue que no lo reconocí hasta varios meses después. En forma totalmente casual había ido a una reunión celebrada en la Iglesia de la Ciencia Religiosa, una secta protestante, en Nueva York. Su mensaje era nuevo para mí, y una voz interior me dijo que le prestara atención. Así lo hice, y no sólo concurrí a los servicios dominicales, sino que empecé a ir a unas clases semanales que daban. El mundo de la belleza y de la moda estaba perdiendo interés para mí, y me preguntaba durante cuánto tiempo más podía seguir pendiente de mis medidas corporales o de la forma de mis cejas. Tras haber abandonado la escuela secundaria sin haber estudiado jamás nada, me convertí en una estudiante ávida que devoraba todo lo que me cayera en las manos referente a metafísica y sanación.

Aquella iglesia neoyorquina se convirtió en mi nuevo hogar. Aunque en términos generales mi vida no cambió, mis nuevos estudios empezaron a ocuparme cada vez más tiempo. Tres años más tarde, casi sin haberme dado cuenta, estaba en condiciones de examinarme para ser uno de los sanadores autorizados por mi iglesia. Pasé las pruebas y así fue como empecé, hace muchos años, mi actividad actual.

Fueron comienzos pequeños. Durante aquella época me inicié en la Meditación Trascendental. Como en mi iglesia no iban a darse aquel año los cursos de formación que me interesaban, me decidí a hacer algo más por mí misma y me anoté para estudiar seis meses en la MIU (Maharishi's International University), en Fairfield, Iowa.

En aquel momento, era el lugar perfecto para mí. Todos los lunes por la mañana empezábamos con un tema nuevo: cosas de las que yo apenas había oído hablar, como biología, química, incluso la teoría de la relatividad. Todos los sábados por la mañana se nos hacía una prueba, el domingo era el día de descanso, y el lunes por la mañana volvíamos a empezar.

Allí no había ninguna de las distracciones tan típicas de mi vida en Nueva York. Después de la cena, todos nos íbamos a nuestras habitaciones a estudiar. Yo era la mayor de todos, y aquello me encantaba. No se permitía fumar, beber ni consumir ninguna droga, y meditábamos cuatro veces al día. Cuando me fui, en el aeropuerto, creí que iba a desmayarme por el humo de los cigarrillos.

De regreso en Nueva York, reinicié mi vida de siempre. Pronto empecé los cursos de formación de sanadores en mi iglesia, y también participé activamente en sus actividades sociales. Empecé a hablar en las reuniones de mediodía y a tener clientes, de modo que no tardé en verme embarcada en una carrera de dedicación exclusiva. A partir del trabajo que estaba haciendo se me ocurrió la idea de escribir un pequeño volumen, *Heal Your Body* (Sane su cuerpo), que empezó siendo una simple lista de causas metafísicas de enfermedades físicas. Comencé a viajar y a dar conferencias y clases.

Entonces, un día, me diagnosticaron un cáncer.

Con mis antecedentes de haber sido violada a los cinco años, y con los malos tratos que había sufrido, no era raro que el cáncer se manifestara en la zona vaginal.

Como cualquiera a quien acaban de decirle que tiene cáncer, fui presa de un pánico total. Sin embargo, después de todo mi trabajo con los clientes, yo sabía que la curación mental funcionaba, y ahí se me ofrecía la ocasión de demostrármelo a mí misma. Después de todo, yo había escrito un libro sobre los modelos mentales, y sabía que el cáncer es una enfermedad originada por un profundo resentimiento, contenido durante tanto tiempo que, literalmente, va devorando el cuerpo. Y yo me había negado a disolver la cólera y el resentimiento que, desde mi niñez, albergaba contra «ellos». No había tiempo que perder, tenía muchísimo trabajo por delante.

La palabra *incurable,* tan aterradora para tantas personas, para mí significa que esa dolencia, la que fuere, no se puede curar por medios externos, y que para encontrarle curación debemos ir hacia adentro. Si yo me hacía operar para librarme del cáncer, pero no me liberaba del modelo mental que lo había creado, los médicos no harían otra cosa que seguir cortándole pedazos a Louise hasta que ya no les quedara más Louise para cortar. Y esa idea no me gustaba.

Si me hacía operar para quitarme la formación cancerosa, y además me liberaba del modelo mental que la provocaba, el cáncer no volvería. Si el cáncer (o cualquier otra enfermedad) vuelve, no creo que sea porque «no lo extirparon del todo», sino más bien porque el paciente no ha cambiado de mentalidad, y se limita a recrear la misma enfermedad, quizás en una parte diferente del cuerpo.

Yo creía, además, que si podía liberarme del modelo mental que había creado aquel cáncer, ni siquiera necesitaría la operación. Entonces procuré ganar tiempo, y a regañadientes, los médicos me concedieron tres meses más cuando dije que no tenía dinero.

Inmediatamente, asumí la responsabilidad de mi propia curación. Leí e investigué todo lo que pude encontrar sobre las maneras alternativas de colaborar en mi proceso curativo.

Me fui a varias tiendas de alimentación naturista y me compré todos los libros que encontré sobre el tema del cáncer. Acudí a la biblioteca para leer más. Trabé conocimiento con la reflejoterapia y la terapia del colon, y pensé que ambas me beneficiarían. Parecía que algo me encaminase hacia las personas adecuadas. Después de haber leído libros sobre reflejoterapia, decidí buscar a algún experto en el tema. Una noche asistí a una conferencia, y aunque generalmente me siento adelante, esa vez sentí que tenía que quedarme atrás. No había pasado ni un minuto cuando a mi lado se sentó un hombre... que casualmente era un reflejoterapeuta y visitaba a domicilio. Durante dos meses vino a verme tres veces por semana, y me ayudó muchísimo.

Yo sabía, además, que tenía que amarme mucho más a mí misma. En mi niñez me habían expresado muy poco amor, y nadie me había enseñado que estuviera bien sentirme contenta conmigo misma. Yo había adoptado aquellas mismas actitudes de estar continuamente pinchándome y criticándome, y se habían convertido en mi segunda naturaleza.

Durante mi trabajo había llegado a darme cuenta de que no sólo estaba bien que yo misma me amara y me aprobara: era esencial. Y, sin embargo, seguía postergándolo, como se va dejando estar esa dieta que siempre vamos a empezar mañana. Pero ya no podía postergarlo más. Al principio me costaba muchísimo hacer cosas tales como ponerme frente al espejo y decirme: «Louise, te amo; de verdad que te amo.» Sin embargo, al ir persistiendo descubrí que en mi vida se daban varias situaciones en las que antes me habría censurado ásperamente, pero ahora, gracias al ejercicio del espejo, ya no lo hacía. Es decir, estaba progresando.

Entendí que tenía que liberarme de los modelos mentales de resentimiento a que me había venido aferrando desde mi infancia. Era indispensable que dejara de cultivar resentimientos.

Sí, yo había tenido una niñez muy difícil y había padecido muchos malos tratos, mentales, físicos y sexuales. Pero de eso hacía muchos años, y aquello no era excusa para la forma en que yo misma me trataba en ese momento. Estaba, literalmente, devorando mi cuerpo con un crecimiento canceroso porque no había perdonado.

Ya era hora de que dejara atrás aquellos incidentes y de que empezara a *entender* qué experiencias podían haber llevado a mis padres a tratar de aquella manera a una niña.

Con ayuda de un buen terapeuta, expresé toda la vieja cólera acumulada, aporreando almohadones y aullando de rabia. Eso me hizo sentir más limpia. Después empecé a reunir fragmentos de los relatos que les había oído contar a mis padres sobre su propia infancia, y a tener una imagen más clara de su vida. Con creciente comprensión, y desde un punto de vista adulto, comencé a sentir compasión por su sufrimiento, y el resentimiento empezó lentamente a disolverse.

Además me busqué un buen dietista que me ayudara a purificar el cuerpo y a desintoxicarlo de toda la basura que había comido durante años. Aprendí que la mala comida se acumula en el cuerpo y lo intoxica. Y los «malos pensamientos» se acumulan y crean condiciones tóxicas en la mente. Me dieron una dieta muy estricta, con muchísimas verduras de hoja y no mucho más. Incluso me hice un tratamiento de limpieza de colon tres veces por semana, durante el primer mes.

Y aunque no me sometí a ninguna operación, como resultado de esa limpieza a fondo, tanto en lo mental como en lo

físico, seis meses después del primer diagnóstico conseguí
que los médicos me confirmaran lo que yo ya sabía: ¡Que ya
no tenía ni rastros de cáncer! Ahora sabía por experiencia
personal que *la enfermedad se puede curar si estamos dispuestos a cambiar nuestra manera de pensar, creer y actuar*.

A veces, lo que parece una gran tragedia termina por ser lo
mejor que nos ha pasado en la vida. Fue mucho lo que
aprendí de aquella experiencia; entre otras cosas, a valorar
de otra manera la vida. Empecé a tener en cuenta lo que realmente tenía importancia para mí, y finalmente me decidí a
abandonar esa ciudad sin árboles que es Nueva York, y sus
temperaturas extremas. Algunos de mis clientes me rogaron
insistentemente que me quedara, diciéndome que «se mori-
rían» si yo los dejaba, pero les aseguré que dos veces por año
volvería a vigilar sus progresos, y les recordé que por teléfono se puede hablar con cualquier lugar del mundo. De manera que cerré el negocio y me fui tranquilamente en tren a
California, decidida a hacer de Los Angeles mi punto de partida.

Por más que hubiera nacido allí, muchos años antes, ya no
conocía casi a nadie, a no ser mi madre y mi hermana, que
vivían en los suburbios. Nunca habíamos sido una familia
muy unida ni muy comunicativa, pero aun así, para mí fue
una desagradable sorpresa saber que mi madre estaba ciega
desde hacía algunos años, sin que nadie se hubiera moles-
tado en decírmelo. Y como mi hermana estaba demasiado
«ocupada» para verme, la dejé en paz y empecé a organizar
mi nueva vida.

Mi libro *Sane su cuerpo* me abrió muchas puertas. Empecé
a acudir a todas las reuniones de los movimientos de la
Nueva Era de que llegaba a enterarme. Me presentaba, y en
el momento apropiado les daba un ejemplar del libro. Durante los seis primeros meses fui mucho a la playa, porque
sabía que cuando estuviera más ocupada me quedaría menos
tiempo para esos ratos de ocio. Lentamente, fueron apare-
ciendo los clientes. Me pidieron que hablara en distintos lu-
gares, y las cosas empezaron a cobrar forma a medida que

me iban conociendo en Los Angeles. Un par de años después pude mudarme a una hermosa casa.

Mi nuevo estilo de vida estaba separado por un abismo de conciencia de lo que había sido mi niñez. De hecho, las cosas me iban muy bien, y yo pensaba con qué rapidez puede cambiar por completo nuestra vida.

Una noche recibí una llamada telefónica de mi hermana, la primera en dos años. Me dijo que nuestra madre, ya de noventa años, ciega y casi sorda, se había caído y se había roto la espalda. En un momento, mi madre pasaba de ser una mujer fuerte e independiente a convertirse en una niña desvalida y sufriente.

Al romperse ella la espalda, también se rompió la muralla de incomunicación que rodeaba a mi hermana. Finalmente, empezábamos a establecer contacto. Descubrí que también mi hermana tenía un problema grave en la espalda, que le molestaba para andar y para estar sentada, y que era muy doloroso. Ella lo sufría en silencio, y aunque parecía anoréxica, su marido no sabía que estuviera enferma.

Tras haber pasado un mes en el hospital, mi madre estaba en condiciones de volver a casa, pero como no podía cuidarse sola, se vino a vivir conmigo.

Por más que confiara en el proceso de la vida, yo no sabía cómo arreglármelas con todo aquello, de manera que me dirigí a Dios: «Está bien, me ocuparé de ella, pero Tú tendrás que ayudarme, y ocuparte de que no me falte dinero.»

Para las dos fue un esfuerzo de adaptación. Ella llegó un sábado, y al viernes siguiente yo tenía que ir cuatro días a San Francisco. No podía dejarla sola, pero tenía que ir. Me dirigí a Dios de nuevo: «Ocúpate Tú de esto. Antes de irme tengo que tener la persona adecuada para ayudarme.»

El jueves había «aparecido» la persona perfecta, que se mudó a casa para organizarlo todo. Era otra confirmación de una de mis creencias básicas: «Cualquier cosa que necesite saber me es revelada, y todo lo que necesito me llega de acuerdo con el correcto orden divino.»

Me di cuenta de que estaba otra vez en un momento adecuado para aprender. Se me daba una oportunidad de deshacerme de un montón de residuos de mi niñez. Mi madre no había sido capaz de protegerme cuando yo era niña, pero ahora yo podía, y quería, cuidar de ella. Entre mi madre y mi hermana se inició para mí una nueva aventura. Dar a mi hermana la ayuda que me pedía significó también un reto. Me enteré de que muchos años atrás, cuando yo fui a rescatar a mi madre, mi padrastro volcó su furia y su dolor sobre mi hermana, y entonces le tocó a ella soportar sus brutalidades.

Me di cuenta de que lo que había empezado siendo un problema físico estaba sumamente exagerado por el miedo y la tensión, además de la convicción de que nadie podría ayudarla. De manera que ahí estaba Louise, que no quería actuar como salvadora, pero sí dar a su hermana una oportunidad de decidirse a estar bien, a esa altura de su vida.

Lentamente se empezó a desenmarañar la madeja, y en eso seguimos. Vamos progresando paso a paso, y yo me esfuerzo por ofrecerles un clima de seguridad mientras seguimos explorando diversas vías de curación alternativas.

Mi madre, por su parte, reacciona muy bien. Hace ejercicios, lo mejor que puede, cuatro veces al día, y está cada vez más fuerte y más flexible. Le encargué un audífono, y ahora se muestra más interesada en la vida. También conseguí convencerla de que se operase las cataratas de un ojo, y ¡qué júbilo fue para ella volver a ver, y para nosotras poder ver de nuevo el mundo con sus ojos! Y se siente feliz de ser nuevamente capaz de leer.

Mi madre y yo hemos empezado a encontrar tiempo para sentarnos a charlar juntas como nunca lo habíamos hecho. Entre nosotras hay un entendimiento nuevo, y hoy las dos somos más libres de reír, llorar y abrazarnos. A veces me irrita, pero sé que eso sólo significa que todavía me quedan limpiezas por hacer.

Mi trabajo sigue abriéndome horizontes. Ahora, con la ayuda de Charlie Gehrke, un gran colaborador y amigo, he abierto un centro donde se dan clases y cursos.

Y así es mi vida en el otoño de 1984.

En la infinitud de la vida, en donde estoy,
todo es perfecto, completo y entero.
Cada uno de nosotros experimenta
la riqueza y la plenitud de la vida
de la manera que más la enriquece.
Ahora miro el pasado con amor,
y decido aprender de mis viejas experiencias.
No hay verdad ni error, no existen el bien ni el mal.
Lo pasado, pasado: se acabó.
No existe más que la experiencia del momento.
Por traerme a mí misma desde el pasado
al momento presente, me amo.
Comparto aquella y aquello que soy
porque sé que en Espíritu todos somos uno.
Todo está bien en mi mundo.

En lo más profundo de mi ser
hay un infinito manantial de amor.

*Ahora yo permito que ese amor aflore a la superficie, que me
colme el corazón, el cuerpo, la conciencia, la totalidad de mi ser,
y que desde mí irradie en todas direcciones, y que vuelva a mí
multiplicado. Cuanto más amor gasto y entrego, más tengo para
dar, porque la provisión es interminable. Ese gasto de amor me
hace* **sentir bien,** *porque es una expresión de mi júbilo interior.
Porque me amo, cuido con amor de mi cuerpo. Con amor lo
alimento con comidas y bebidas sanas y nutritivas, con amor lo
limpio y lo visto, y mi cuerpo, vibrante de salud y de energía, me
responde con amor. Porque me amo, procuro tener un hogar
confortable, que satisfaga todas mis necesidades y donde sea un
placer estar. Lleno las habitaciones con la vibración del amor
para que todos los que entremos en ellas sintamos ese amor y
nos nutramos de él. Porque me amo, trabajo en algo que
realmente me gusta hacer, en una actividad que pone en juego
mi talento y mi capacidad creadora, trabajando con y para
personas a quienes amo y que me aman, y ganándome bien la
vida. Porque me amo, me conduzco y pienso con amor en todos,
porque sé que aquello que de mí sale regresa a mí multiplicado.
A mi mundo atraigo solamente personas capaces y dignas de
amor, porque son espejo de lo que yo soy. Porque me amo,
perdono el pasado y me libero por completo de él. Al liberarme
de toda experiencia pasada, soy libre. Porque me amo, amo
totalmente en el presente, experimentando cada momento en su
bondad, y a sabiendas de que mi futuro es luminoso, jubiloso y
seguro, porque soy una criatura bienamada del Universo, y el
Universo se ocupa amorosamente de mí, ahora y por siempre
jamás. Así es.*

Reimpreso con autorización, de Heal Your Body *de Louise L. Hay.*

Recomendaciones para la curación holística

CUERPO

Nutrición
Dieta, combinación de alimentos, macrobiótica, hierbas naturales, vitaminas, remedios florales de Bach, homeopatía.

Ejercicio
Yoga, trampolín, marcha, danza, ciclismo, tai-chi, artes marciales, natación, deportes, etc.

Terapias alternativas
Acupuntura, acupresión, digitopuntura, terapia del colon, reflejoterapia, radiónica, cromoterapia, aromaterapia, masaje y trabajo corporal.
Alexander, bioenergética, salud por el tacto *(touch for health),* Feldenkreis, trabajo tisular profundo, rolfing, integración de las posturas, terapia de polaridad, Trager, Reiki.

Técnicas de relajación
Desensibilización sistemática, respiración profunda, biorrealimentación, sauna, hidroterapia (bañera caliente), tabla inclinada, música.

Libros
Simonton, *Getting Well Again*
Royal, *Herbally Yours*
Airola, *How to Get Well*
Bieler, *Food is Your Best Medicine*
Hay, *I Love My Body*

MENTE

Afirmaciones, visualización, fantasía guiada, meditación, amar al Sí mismo.

Técnicas psicológicas
Gestalt, hipnosis, NLP, concentración, T.A., renacimiento, trabajo onírico, psicodrama, regresión a vidas pasadas, Jung, psicoterapias humanistas, astrología, arteterapia.

Grupos
Insight, est (Erhard Seminars Training), renacimiento.

Libros
Gawain, *Creative Visualization*
Bry, *Visualization*
Gendlin, *Focusing*
Fankhauser, *The Power of Affirmations*
Price, *Superbeings*
Jampolsky, *Love is Letting Go of Fear*
Jampolsky, *Teach Only Love*
Keyes, *A Conscious Person's Guide to Relationships*
Gillies, *Money Love*
Ray, *Loving Relationships*
Ray, *Celebration of Breath*
Hay, *Heal Your Body*

ESPIRITU

Libros
Foundation for Inner Peace, *Course in Miracles*
Yogananda, *Autobiografía de un yogui*
Cualquier libro de Emmett Fox
Roberts, *The Nature of Personal Reality*
Addington, Your Needs Met
Price, *The Manifestation Process*
Holmes, *The Science of Mind.*

Durante mucho tiempo he creído que todo lo que necesito saber se me revela, que todo lo que necesito viene hacia mí, que todo está bien en mi vida. Nada de eso es un conocimiento nuevo; todo es antiguo e infinito. Encuentro júbilo y placer en integrar conocimiento y sabiduría en beneficio de aquellos que están en la senda de la curación. Dedico esta ofrenda a todos los que me habéis enseñado lo que sé: a mis muchos clientes, a mis amigos en este campo, a mis maestros y a la Divina Inteligencia Infinita que a través de mí canaliza lo que otros necesitan oír.

Louise L. Hay

Índice

Prólogo 7

Primera parte
Introducción

Sugerencias a mis lectores 11
Algunas de mis ideas 13
Capítulo 1 Lo que creo 15

Segunda parte
Una sesión con Louise

Capítulo 2 ¿Cuál es el problema? 27
Capítulo 3 ¿De dónde proviene? 41
Capítulo 4 ¿Es verdad? 49
Capítulo 5 Y ahora, ¿qué hacemos? 57
Capítulo 6 La resistencia al cambio 65
Capítulo 7 Como cambiar 81
Capítulo 8 La construcción de lo nuevo 95
Capítulo 9 El trabajo cotidiano 107

Tercera parte
Cómo poner en práctica estas ideas

Capítulo 10   Las relaciones 121
Capítulo 11   El trabajo 127
Capítulo 12   El éxito 131
Capítulo 13   La prosperidad 135
Capítulo 14   El cuerpo 145
Capítulo 15   La lista 169

Cuarta parte

Capítulo 16   Mi historia 213
               En lo más profundo 225
               Recomendaciones para la curación
               holística 227

Se terminó de imprimir en el mes de
octubre de 1992 en Imprenta de los
Buenos Ayres S.A., Carlos Berg 3449
Buenos Aires - Argentina